다윈가

플라톤가

지식인마을26

아우구스티누스 & 아퀴나스

신앙과 이성 사이에서

지식인마을 26 신앙과 이성 사이에서

아우구스티누스 & 아퀴나스

저자_ 신재식

1판 1쇄 발행_ 2008. 2. 28.
1판 4쇄 발행_ 2020. 9. 26.

발행처_ 김영사
발행인_ 고세규

등록번호_ 제406-2003-036호
등록일자_ 1979. 5. 17.

경기도 파주시 문발로 197(문발동) 우편번호 10881
마케팅부 031)955-3100, 편집부 031)955-3200, 팩시밀리 031)955-3111

값은 뒤표지에 있습니다.
ISBN 978-89-349-2121-9 04160
        978-89-349-2136-3 (세트)

홈페이지_ www.gimmyoung.com   블로그_ blog.naver.com/gybook
페이스북_ facebook.com/gybooks   이메일_ bestbook@gimmyoung.com

좋은 독자가 좋은 책을 만듭니다.
김영사는 독자 여러분의 의견에 항상 귀 기울이고 있습니다.

지식인마을 26

아우구스티누스 & 아퀴나스
Aurelius Augustinus & Thomas Aquinas
신앙과 이성 사이에서

신재식 지음

김영사

한 번쯤 살고 싶은 근사한 동네

캄보디아의 앙코르와트, 탄자니아의 세렝게티 평원, 그리스 아테네의 아크로폴리스, 중국의 만리장성 그리고 가상의 사이버스페이스…… 〈내셔널 지오그래피 트래블러〉라는 미국의 여행 잡지가 뽑은 '완벽한 여행자가 일생에 꼭 가봐야 할 50곳'의 일부이다. 인터넷이 연결된 컴퓨터만 있으면 누구나 쉽게 갈 수 있는 '사이버스페이스'도 50곳 중의 하나로 선정되었다. 모두 가보고 싶고 가볼 만한 근사한 곳이지만 내가 오랫동안 머물러 살고 싶은 곳은 아니다.

내가 살고 싶은 곳은 근사한 사람들이 모여 사는 더 근사한 동네다. 주변 환경도 중요하겠지만, 정작 그 땅을 머무르고 살고 싶은 곳으로 만드는 것은 그 마을에 사는 사람들이다. 히말라야 설산에서 흐르는 물이 아무리 맑고 깨끗해도, 로키산맥의 공기가 아무리 신선해도 사람이 없다면 그곳은 그저 근사한 장소일 뿐이다. 함께 사는 사람이 있다 해도 도저히 어울릴 수 없는 부류의 사람이라면 그곳은 이미 내가 살고 싶은 동네는 아니다.

내가 살고 싶은 동네는 사방으로 반듯하게 도로가 나고 똑같은 모양의 집이 가지런히 배열된 그런 동네가 아니다. 기계에서 찍어낸 붕어빵처럼 똑같은 집에서, 공장에서 대량생산으로 만들어낸 제품처럼 똑같은 사람들이 모여 사는 그런 곳은 내가 원하는 삶의 공간이 아니다.

나는 산의 굴곡과 물의 흐름에 따라 이곳저곳에 집들이 자연스럽게 앉아 있는 그런 곳에서 살고 싶다. 크기와 생김새, 재료와 색깔이 서로 다른 집들이 땅의 품새에 따라 얹혀 있는 그런 동네 말이다. 제

각기 모양새가 다른 집에서 사는 사람들이니 생각도, 살아가는 모습도 다를 것이다. 동네 마실을 나가 내키는 대로 문을 두드려도 언제나 반갑게 맞아주는 사람들이 사는 그런 동네, 입맛에 따라 숭늉이나 커피, 녹차를 나누면서 저마다 살아온 이야기를 나눌 수 있는, 사람 사는 냄새가 나는 그런 동네가 바로 내가 살고 싶은 곳이다.

저마다 살아온 배경이 달라도 살면서 얻은 지혜와, 묵상과 성찰을 통해 얻은 깨달음과, 책을 통해 얻은 지식을 함께 나눌 수 있다면 그처럼 근사한 일이 어디 있겠는가. 그런 동네에서 살고 싶다. 아! 그런 비슷한 동네가 있다! '지식인마을!!!' 사이버스페이스가 갈 만한 곳이고, 지구 밖 우주가 들러볼 만한 곳이라면 지식인마을은 짐을 풀고 오랫동안 머물러볼 만한 아주 근사한 동네다.

그 동네 안쪽 깊은 곳에 자리 잡은 오래된 집이 있다. 지은 지 아주 오래된 이 집의 윗방과 아랫방에 두 사람이 살고 있다. 한복을 입은 사람들 사이에서 유독 양복 입은 사람처럼 낯선 분위기를 풍기고 뭔가 익숙한 것 같으면서도 생소한 느낌이 드는 이들은 바로 '중세의 그리스도인' 아우구스티누스와 아퀴나스이다.

이 오래된 집 앞마당에는 우물이 하나 있다. 지금부터 약 2천 년 전 예수라는 사람이 물이 나오는 곳을 옹달샘으로 만들었다. 4백여 년이 지나 한 사람이 나타나 그 조그만 옹달샘을 깊게 파고 넓혀서 제대로 된 모습의 우물을 만들었다. 그가 바로 아우구스티누스다. 그 후 거의 8백 년이 지나서 아퀴나스가 나타나 돌을 쌓아 우물 둘레를 정리하고 두레박까지 갖추었다. 예수가 탄생한 지 2천여 년이 지난 오늘을 살고 있는 우리는 아직도 그 우물에서 목을 축인다.

이 동네의 거의 모든 사람들이 이 집 샘물을 마셨지만, 물맛에 대한 평가는 저마다 다르지만 요즘 들어 에스프레소 커피와 우유, 사이다와 주스, 녹차의 맛에 익숙해져버린 사람들에게 그냥 샘물은 싱거울 뿐인 것 같다. 탄산 음료와 인스턴트 식품에 익숙해진 혀는 밋밋한 샘물의 은은한 맛을 읽어내지 못하기 때문이리라. 지금은 더 이상 샘물 그대로 마시지 않는 사람이 대부분이지만, 그래도 여전히 그 우물에서 물을 길어간다. 그 물을 퍼다 장을 담그고, 녹차를 끓이고, 수정과를 만들고, 커피를 뽑는다.

아우구스티누스와 아퀴나스는 1천6백 년 전과 8백 년 전에 살았던 이들로, 각각 중세의 시작과 절정에 서 있었다. 우리 아버지 세대나 할아버지 세대의 사고방식과 행동방식조차 이해하지 못하는 터에 하물며 1천 년 전 서양에 살았던 사람들이 낯설고 생소하게 보이는 것은 당연한 일이다. 비록 우리와 똑같은 문제를 고민할지라도 우리와는 다른 방식으로 고민하고, 대답하고, 해결하려고 했던 사람들이기 때문이다. 그 다른 방식이란 바로 '그리스도교 신앙'이다.

나는 오늘 바로 그 집에서 여러분과 함께 그들이 퍼올린 샘물을 나누려고 한다. 에스프레소 커피의 진한 향기와 녹차의 은은한 향을 좋아하지만, 종종 그 밋밋한 맛의 샘물이 그리워진다. 그 물을 가져다 녹차를 우리고, 커피를 뽑고, 숭늉을 끓여 함께 나누고 싶다. 이제 여

러분을 그 샘물 맛의 세계, 그리스도교 신앙의 세계로 초대한다.

이 책은 '지식인 마을로의 초대'와 '지식인과의 만남'의 일곱 개 장으로 이루어져 있다. 첫 장에서는 아우구스티누스와 아퀴나스의 삶을 이해하는 배경으로, 초기와 중세 그리스도교의 흐름을 다룬다. 2장부터 4장까지는 아우구스티누스를, 5, 6장에서 아퀴나스를 살펴본다. 마지막으로 7장에서는 아우구스티누스에서 안셀무스를 거쳐 아퀴나스에 이르는 신 존재 증명에 대한 논의를 통해 그리스도교에서 신앙과 이성이 어떻게 만나는가를 살펴본다.

두 사람의 사유의 폭이 워낙 넓고, 많은 저작을 남겼기 때문에 각각의 생애와, 이들이 신앙과 이성의 문제에 어떻게 접근하는지를 대표적인 저작을 통해 간략히 살펴본다. 따라서 두 사람에 대해 다룬 것보다 다루지 않은 신학 주제가 훨씬 많다는 사실을 잊지 않았으면 한다.

마지막으로 〈지식인마을〉을 기획한 장대익 박사와 〈지식인마을〉을 함께 거닐 아내와 두 아이에게 특별히 감사한다.

2008년 호남신학대학 교수

신재식

〈지식인마을〉시리즈는…

〈지식인마을〉은 인문·사회·과학 분야에서 뛰어난 업적을 남긴 동서양 대표 지식인 100인의 사상을 독창적으로 엮은 통합적 지식교양서이다. 100명의 지식인이 한 마을에 살고 있다는 가정하에 동서고금을 가로지르는 지식인들의 대립·계승·영향 관계를 일목요연하게 볼 수 있도록 구성했으며, 분야별·시대별로 4개의 거리(street)를 구성하여 해당 분야에 대한 지식의 지평을 넓히는 데 도움이 되도록 했다.

〈지식인마을〉의 거리

플라톤가　플라톤, 공자, 뒤르켐, 프로이트같이 모든 지식의 뿌리가 되는 대사상가들의 거리이다.

다윈가　고대 자연철학자들과 근대 생물학자들의 거리로, 모든 과학 사상이 시작된 곳이다.

촘스키가　촘스키, 베냐민, 하이데거, 푸코 등 현대사회를 살아가는 인간에 대한 새로운 시각을 제시한 지식인의 거리이다.

아인슈타인가　아인슈타인, 에디슨, 쿤, 포퍼 등 21세기를 과학의 세대로 만든 이들의 거리이다.

이 책의 구성은

〈지식인마을〉 시리즈의 각 권은 인류 지성사를 이끌었던 위대한 질문을 중심으로 서로 대립하거나 영향을 미친 두 명의 지식인이 주인

공으로 등장한다. 그리고 다음과 같은 구성 아래 그들의 치열한 논쟁을 폭넓고 깊이 있게 다룸으로써 더 많은 지식의 네트워크를 보여주고 있다.

초대 각 권마다 등장하는 두 명이 주인공이 보내는 초대장. 두 지식인의 사상적 배경과 책의 핵심 논제가 제시된다.

만남 독자들을 더욱 깊은 지식의 세계로 이끌고 갈 만남의 장. 두 주인공의 사상과 업적이 어떻게 이루어졌으며, 그들이 진정 하고 싶었던 말은 무엇이었는지 알아본다.

대화 시공을 초월한 지식인들의 가상대화. 사마천과 노자, 장자가 직접 인터뷰를 하고 부르디외와 함께 시위 현장에 나가기도 하면서, 치열한 고민의 과정을 직접 들어본다.

이슈 과거 지식인의 문제의식은 곧 현재의 이슈. 과거의 지식이 현재의 문제를 해결하는 데 어떻게 적용될 수 있는지 살펴본다.

이 시리즈에서 저자들이 펼쳐놓은 지식의 지형도는 대략적일 뿐이다. 〈지식인마을〉에서 위대한 지식인들을 만나, 그들과 대화하고, 오늘의 이슈에 대해 토론하며 새로운 지식의 지형도를 그려나가기를 바란다.

지식인마을 책임기획 **장대익**
서울대학교 자유전공학부 교수

Contents 이 책의 내용

Chapter 3 대화

Chapter 4 이슈

- 인물의 이름은 라틴식 표기를 따랐다. 다만 '토마스 아퀴나스'는 '토마스' 대신 '아퀴나스'로 했으며 '기독교' 대신 '그리스도교'를 사용했다. 나머지 용어는 가능하면 개신교 표기를 따랐다. '신'이나 '하느님' 대신 '하나님'으로 표기했지만, 문맥에 따라서 '신'을 쓰기도 했다.

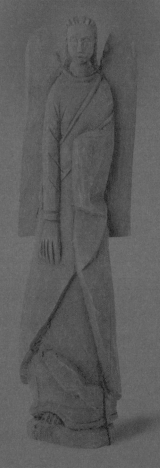

初대

INVITATION

Thomas Aquinas

그리스도교를 알면
오늘의 우리가 보인다

**'중세'라는
마법의 세계로**

한 소년이 킹스 크로스^{King's Cross}역 9번과 10번 출구 사이에 서 있다. 그곳은 호그와트 마법학교로 가는 기차를 타기 위한 장소다. 이 세계를 떠나는 출구이자 마법의 세계를 향한 입구다. '해리 포터'라는 소년은 이 입구로 들어가면서 새롭지만 낯선 세계를 만난다.

그리스도교의 세계를 엿보는 것은 해리 포터의 마법의 세계로 들어가는 것만큼이나 낯설고 새로울 수 있다. 특히 우리가 만나려는 아우구스티누스^{Aurelius Augustinus, 354~430}와 아퀴나스^{Thomas Aquinas, 1225~1274}는 더욱 그렇다. 중세 유럽에 살았던 이들은 해리 포터에 나오는 호그와트 학교의 앨버트 덤블도어 교장 선생님이나 미네르바 맥고나걸 교수처럼 낯선 시간, 낯선 곳에 사는 사람들이다. 우리가 아우구스티누스와 아퀴나스에 익숙해지기 위한 첫 단추를 찾아보자. 그들은 그리스도인이었다.

그리스도인! 그들이 그리스도인이라 하더라도 그리 낯설어할 필요도, 긴장할 필요도 없다. 주변을 둘러보자. 교회나 성당 건물을 쉽사리 찾아볼 수 있다. 여러분이 아는 사람들 가운데서도 그리스도인들이 상당히 많을 것이다. 그런데도 아우구스티누스와 아퀴나스가 낯설게 느껴지는 것은 왜일까? 그들이 우리와 다른 시대, 다른 장소에 살던 사람들이기 때문이다. 이들은 중세의 시작과 절정기에 각각 북아프리카와 서부 유럽에 살았다. 공간적으로 북아프리카나 서부 유럽은 한반도에서 멀리 떨어져 있다. 게다가 시간적으로 중세는 더 아득하게 느껴진다. 우리에게 중세와 중세인은 여전히 낯설다.

중세의 고딕 성당이나 철갑으로 무장한 기사를 보면 중세의 느낌이 온몸 그대로 묵직하게 전달된다. 고딕 성당과 철갑 기사는 융통성 없고 고지식하고 생동감도 없는 그런 사회와 딱 어울리는 이미지이다. 게다가 모든 것이 하나님의 이름으로 통제되던 사회, 생각만 해도 숨이 막히는 중압감이 몰려온다. 이런 중세를, 이런 시대를 살았던 사람의 이야기에 내가 왜 귀 기울여야 하는가? 디지털 시대에 웬 중세 그리스도교 타령인가?

그리스도교는 우리에게 아직까지도 익숙한 타자, 오래된 이방인과 같다. 교회나 성당, 신부나 그리스도인들, 미사나 예배 드리는 모습을 쉽게 접할 수 있기에 익숙하게 느껴지지만 그리스도교의 주장이나 논리를 선뜻 이해하거나 받아들이기가 어렵다. 그래서 이방인 같은 느낌을 떨쳐내기 힘들다. 잘 알고 있는 것 같지만 여전히 이해하지 못할 부분이 많은 이웃이 그리스도교이

90~100%
80~89%
70~79%
60~69%
50~59%
40~49%
30~39%
20~29%
10~19%
0~9%

세계 인구에서 그리스도인이 차지하는 비율

다. 다시 말하면 그리스도교가 익숙한 타자, 오래된 이방인이라는 인상을 받는 까닭은 그리스도교의 예배와 기도 같은 신앙 행위에는 익숙하지만, 그들이 지닌 믿음의 논리는 잘 이해하지 못하기 때문이다. 신과 함께 신의 뜻에 따라 살아가는 믿음의 논리는 과학 시대를 살아가는 현대인에게 상당히 이질적이다.

현대인은 자신의 의지대로 자유롭게 결정할 수 있는 능력을 갖고, 도덕적으로 스스로 판단하고 행동하며 자신의 행동에 책임을 질 줄 아는 존재라고 생각한다. 스스로 더 이상 신적 존재나 초월적인 영적 존재에 의존할 필요가 없는 주체적 인간이라고 생각한다. 합리적으로 사유하고 주체적으로 행동하는 과학 시대의 현대인과, 초월적 존재에게 의존하는 신앙이란 섞일 수 없는 물과 기름처럼 보인다.

이런 현실 속에서 팔레스타인에서 2천 년 전 예수에 의해 만들어진 종교, 서양 세계를 지금까지 지배해온 백인들의 종교, 그리스도교를 우리가 꼭 이해해야 할 필요가 있을까? 물론 반드시 그리스도교를 알 필요는 없다. 다만 나를 조금 더 정확히 알고 싶다면, 그리고 인간이 어떤 존재인지 알고 싶다면 그리스도교에 대한 이해는 매우 유용하다. 그리스도교는 이미 우리 안에 들어와 있으며, 우리는 그리스도교와 함께 살고 있기 때문이다. 그리스도교를 모르고 우리 문명을 제대로 이해하는 것은 거의 불가능하다. 그럼 도대체 어떤 점에서 그렇다는 말인가?

배낭여행을 해보았는가? 아니면 배낭여행을 꿈꾸고 있는가? 배낭 하나 덜렁 메고 전 세계를 떠도는 삶은 더 이상 낯설지 않다. 가장 선호하는 여행지는 아무래도 유럽이다. 유럽에 가면 서구 문화의 정수를 느낄 수 있기 때문이다. 그곳에는 고대부터 오늘날까지 인간의 삶과 문화가 함께 숨 쉬고 있다.

자, 배낭을 메고 유럽에 도착한 여러분은 어디로 가서 무엇을 볼까? 서구 역사에서 그리스도교와 무관한 사건이 얼마나 있을까? 박물관, 성당과 교회, 옛 성, 시장 등 유럽의 그 어느 구석이라도 그리스도교와 관련이 없는 곳이 있을까? 건축, 조각, 그림, 드라마와 문학에 이르기까지 서구 예술의 거의 전 영역에 그리스도교의 흔적이 배어 있다. 런던의 웨스트민스터 성당, 파리의 노트르담 성당, 로마의 성 베드로 성당 등 문화재의 거의 전부가 그리스도교 유적이고 예술이다. 이것이 서양 문화의 현실이다. 그래서 그리스도교를 알면 서양을 제대로 알게 되고, 서양을 알면 서구가 만든 현대 문명을 더 잘 알게 될 것이다.

오늘날 우리 시대의 문화는 과학기술에 의해 만들어졌다. 그 과학기술은 서양 문화에서 자라났고, 그 서양 문명을 꽃피운 두 뿌리가 그리스 사상인 '헬레니즘Hellenism'과 팔레스타인에 뿌리를 둔 '헤브라이즘Hebraism'이다. 그리스에 뿌리를 둔 합리적인 철학적·과학적 사유와 유대교에 뿌리를 둔 그리스도교는 오늘의 서양 문화, 좀 더 확장해서 오늘의 현대 문화를 형성하는 가장 중요한 두 기둥이다. 크리스마스와 '밸런타인데이'부터 빈 라덴과 조지 부시까지, 그리스도교는 우리 시대의 여러 현상을 이해할 수 있게 하는 아주 중요한 코드 가운데 하나이다.

우리 안의 그리스도교

한 걸음 더 나아가면 그리스도교는 오늘의 나와 우리 사회를 돌아보는 거울이 된다. 그리스도교를 알면 우리 자신과 오늘의 한국 사회를 더 잘 이해하는 데 도움이 된다. 한국인인 우리의 사는 모습을 살펴보자. 한복 대신 양복을 입고, 숭늉이나 보리차 대신 스타벅스에서 에스프레소나 아메리카노를 마시고, 황토방의 구들이 아닌 아파트 침대에 몸을 누인다. 그뿐인가? 붓과 한지 대신 컴퓨터와 프린터를, 손으로 쓴 편지 대신 메신저나 이메일과 휴대전화 문자를, 부채 대신 선풍기와 에어컨을, 괴나리봇짐 대신 노스페이스 배낭을, 짚신 대신 나이키 운동화를 신고 있다. 이런 우리는 얼마나 한국 사람이라고 할 수 있을까?

오늘 우리는 한국 고유의 전통 문화와 근대 이후 수입된 서구 문화가 어우러진 사회에 살고 있다. 우리 삶에 더 많은 영향을 주고 있는 것은 현대화된 서구 문화이다. 정치, 경제, 교육, 문화 등 거의 모든 분야가 현대화 또는 선진화를 지향하고 있다. 부정적이든 긍정적이든 현대화는 서구화와 동일시된다. 그리스도교는 서구 문화와 함께 슬그머니 들어와 우리 안에 자연스럽게 자리 잡고 있다.

그리스도교는 더 이상 외국에서 건너온 낯선 종교가 아니다. 가톨릭이 우리나라에 들어온 지 2백 년을 훌쩍 넘겼고, 개신교가 들어온 것도 1백20여 년이 지났다. 통계 자료에 따르면 우리나라 인구의 4분의 1 이상이 그리스도인이라고 하니, 한국인 넷 중 하나가 그리스도인인 셈이다. 더욱이 우리 사회가 서구화와 현대화를 지향하는 까닭에 그리스도교가 한국 사회 전반에 갖는 영향력은 매우 크다. 따라서 그리스도교를 아는 것은 우리 사회를 더 잘 이해하고, 우리가 겪는 여러 문제들을 더욱 정확히 인식하고 판단하는 데 많은 도움을 줄 수 있다.

오늘 우리가 당면한 다양한 문제들 중에는 전통 문화와 서구 문화의 만남으로 생긴 것도 있고, 서구 현대 문화에서 발생한 문제가 우리에게 그대로 들어온 것도 있고, 그리스도교 자체의 문제로 인한 것일 수도 있다. 그것이 어떻게 생겨났는지에 관계없이 이미 우리 사회의 일부가 된 그리스도교가 이런 문제로부터 자유로울 수 없다. 물론 이것이 우리가 겪는 문제와 그리스도교가 모두 관련이 있다는 말도 아니고, 그리스도교가 그 문제들을 다 해결해줄 것이라고 생각할 수도 없다. 그렇지만 그리스도교에 대한 깊은 이해는 이런 문제들을 제대로 보고 해결하는 데 도움을 줄 것이다.

몇 가지 예를 들어 살펴보자. 여러 종교가 사이좋게 지낼 수 없는가? 오늘날 우리 사회는 여러 종교가 함께 존재하는 종교 다원주의 사회이다. 우리 주변에는 나와 다른 믿음을 가지고 다른 모습으로 신앙생활을 하는 사람들이 많이 있다. 여러 종교가 함께 협력해서 환경운동이나 북한 어린이 돕기와 같은 공동 사업을 벌이기도 한다. 그런데 종종 종교 사이에 갈등이나 긴장이 발생하기도 한다. 왜 그런가? 모든 종교가 본질적으로 자신만이 최고의 진리를 가지며 그 진리에 이르는 유일한 길을 가지고 있다고 주장하기 때문이다. 여러 종교가 동시에 스스로 최고이며 최선이라고 강조할 때 일어나는 긴장과 갈등의 중심에 그리스도교가 있는 경우가 종종 있다.

다른 종교를 대하는 그리스도교의 태도는 과연 어떤 것일까? 그리스도인들의 그런 생각은 어디서 비롯된 것일까? 자신의 종교에 충실하면서도 다른 종교를 존중해주는 것은 가능한 일일까? 그리스도교는 초대교회부터 다른 종교를 경험해왔으며, 그런 역사적 경험을 통해 다른 종교에 대한 다양한 태도가 형성되었다. 따라서 그리스도교에 대한 이해는 다종교 사회에서 다른 종교를 대하는 최선의 모습이 무엇인지 다시 생각할 수 있게 한다.

또 다른 문제로 '성gender'의 문제를 살펴보자. 남성과 여성은 동등한가? 인구의 절반 이상이 여성인 세상에서 우리 사회를 이끌어가는 사람들 대부분이 남성인 까닭은 무엇일까? 우리 사회가 유교 문화 전통에 있었기 때문인가? 그렇다면 서구에서 여성들의 사회 참여가 활발한 까닭이 혹시 그리스도교 영향 때문인가? 교회나 성당에서 여성 사제들이 없는 것을 보면 반드시 그렇다고 볼 수도 없다. 성 차별의 문제는 동서양을 막론하고 보편적으로 발견되는 현상이다. 그리스도교 역시 성 차별의 책임에서 벗어날 수 없다는 것이 최근 그리스도교 신학 안에서 제기되는 견해이다. 이런 문제에 대한 그리스도교의 자기반성은 성 차별을 극복해야 하는 우리 사회에서 많은 시사점을 줄 수 있을 것이다. 이렇듯 그리스도교에 대한 바른 이해는 우리의 시각과 이해의 지평을 확장해줄 것이다.

신앙과 이성의 관계도 살펴보자. 종교와 과학은 적인가, 친구인가? 과학기술 문화가 우리 사회를 지배하는 상황에서 우리는 과학기술의 혜택과 위험에 동시에 노출되어 있다. 과학기술의 발전에 따른 결과로 도덕적이고 윤리적인 문제가 제기되는 것은 동서양을 막론하고 현대 사회가 다 함께 겪는 고민이다. 이와 같은 맥락에서 서구 전통이 지니고 있는 종교와 과학의 관계 또는 신앙과 이성의 문제는 여전히 우리 사회에서도 존재하는 문제이다. 그리스도교는 이 문제를 서구 역사 속에서 끊임없이 고민해왔다. 따라서 우리 사회에서 일어나는 신앙과 이성의 문제에 접근하는 적절한 관점을 그리스도교를 통해 얻을 수 있을 것이다.

그렇다면 그리스도교를 이해하는 가장 빠른 방법은 무엇일까? 2천 년 역사를 지닌 그리스도교의 가장 고전적인 모습을 살펴보고 그리스도교가 전부였던 중세를 거닐어 보는 것이다. 중세 그리스도교의 길을 걷다 보면 반드시 마주치게 되는 두 사람이 있다. 바로 아우구스티누스와 아퀴나스이다. 중세 그리스도교에 들어서는 길 입구에서는 아우구스티누스를, 그 길의 정점에서는 아퀴나스를 마주하게 된다.

**중세 신학의
두 명의 거탑**

중세의 고딕 성당 건물을 본 적이 있는가? 이 시기에 지어진 대부분의 성당에는 좌우에 높이 솟아오른 탑이 두 개 있다. 아우구스티누스와 아퀴나스는 그리스도교에서 이런 탑 같은 존재이다. 아우구스티누스는 중세 사유의 패러다임을 시작한 사람이고, 아퀴나스는 그 패러다임을 완성한 사람이다.

먼저 '신학의 아버지'라 불리는 아우구스티누스는 고대 그리스도교 사상을 완성한 인물로 고대 신학을 종합하고 중세 신학의 문을 열었다. 354년 북아프리카에서 태어난 그는 그리스도인으로 개종하기 전에 여러 종교와 사상을 두루 거쳤다. 로마 가톨릭의 주교가 된 뒤에는 평생을 목회 현장에서 보냈으며, 플라톤주의를 그리스도교 신학에 적극적으로 도입하여 '신앙과 이성'의 조화를 시도했다.

아퀴나스는 아우구스티누스보다 거의 8백 년 뒤인 1225년에 태어났다. 이탈리아 귀족 가문 출신으로 어려서부터 수도원에서 교육을 받은 그는 생애 대부분을 대학에서 학생들을 가르치며 보냈다. 그는 아우구스티누스 신학의 전통에서 아리스토텔레스 철학을 적극적으로 받아들이면서 '신앙과 이성'의 통합을 시도

높은 건물과 첨탑, 꼭대기가 뾰족한 아치로 수직적 상승감이 특징인 중세의 고딕 성당 건물.

해 중세 스콜라 신학을 완성했다.

중세 사상을 형성하는 데 결정적인 역할을 한 이 두 사람은 어떤 차이가 있을까? 아프리카와 이탈리아라는 출신 지역의 차이, 주교로서 목회 활동과 대학에서 교수 활동의 차이, 중세의 시작과 중세의 정점 사이라는 8백여 년의 시대 차이, 그리고 신학 작업의 차이를 지적할 수 있다. 하지만 무엇보다도 이 두 사람은 서로 다른 그리스 철학 전통의 영향을 받았으며, 따라서 이들은 각자의 지점에서 자신들의 신학을 일궈나가기 시작했다. 아우구스티누스가 플라톤 철학을 기반으로 신학을 전개한 반면, 아퀴나스는 아리스토텔레스 철학에 의존했다. 아우구스티누스가 플라톤의 이데아를 신학의 출발점으로 삼았다면, 아퀴나스는 아리스토텔레스가 강조한 현실 세계에서 신학을 시작했다.

또한 이 두 사람은 '신앙과 이성'의 문제에서 강조하는 바가 조금 다르다. 아우구스티누스는 '이해하기 위해 믿는다'고 고백하면서 '신앙에 토대한 이성'과 '이성보다 우선하는 신앙'을 강조했다. 이와 달리 아퀴나스는 '믿기 위해 이해한다'고 말하면서 '이성에 토대한 신앙'과 '신앙에서 자율적인 이성'을 내세웠다. 이런 차이에도 불구하고 두 사람 모두에게 신앙과 이성은 분리된 두 개의 실체가 아니었다. 오히려 두 사람은 신앙과 이성의 서로 밀접한 상호작용 속에서 진리와 행복을 함께 추구했다. 신앙과 이성의 결합, 이것이 중세 그리스도교, 중세 사유의 기본적인 성격이다.

신앙과 이성, 두 날개로 난다

신앙과 이성을 전혀 이질적인 것이라고 생각하는 현대인들에게 신앙과 이성이 함께 결합되어 있는 중세의 사유는 무척 낯설게 다가온다. 하지만 인류가 신앙과 이성을 분리시켜 사고하기 시작한 것은 고작 3백여 년 전, 과학혁명이 시작되고 계몽주의가 싹트면서부터이다. 이후 신앙과 이성의 문제는 종교와 과학의 문제로 바뀌었고, 종교와 과학, 이 둘은 이제 한자리에 함께 있을 수 없는 이질적인 것이 되었다. 이 둘을 함께 논의하는 것이 왠지 불편하고 이성만

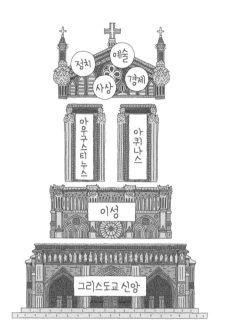

이 모든 문제를 해명하며 인간의 진보를 이루리라는 자신에 찬 선언이 우리 주위를 맴돈 지 오래다. 신앙은 이성에서부터 저만 치 떨어져 있다. 우리는 신앙을 이성보다, 종교를 과학보다 열등 하게 여기는 것이 자연스러운 시대에 산다. 신앙과 이성의 균열 과 불균형, 이것이 우리 시대이다.

그런데 이성과 과학의 우월성을 강조하는 현대 사회란 갑자기 성장하면서 영양실조에 걸린 청소년 같다. 순식간에 커버린 신 체의 크기를 체력이 따라가지 못하는 청소년처럼 갑자기 늘어난 정보와 지식을 정신적·감정적·윤리적 능력이 뒤따라가지 못 하는 상황이 된 것이다. 인간의 삶과 문화가 이성이나 과학만이 아닌 종교와 예술, 경제와 사회 등 다양한 영역이 함께 상호작용하면서 이루어졌다는 단순한 사실마저 쉽사리 잊혀지고 있다.

하지만 우리는 밤하늘의 별똥별이 빛을 발하는 과학적 원리를 알면서도 그 긴 꼬리를 보고 소원을 빈다. 만난 지 1백 일째 되는 날 장미 백 송이를 받고 나서 그 값이 얼마인지 계산할 수 있지만, 그보다는 그 꽃에서 우정과 사랑을 느끼며 볼이 발그레지거나 눈물이 어리면서 살며시 웃는다. 실험실에서 열심히 연구하는 과학자가 진지한 종교인으로 살아가고, 종교 사제가 진화생물학이나 천체물리학을 가르치는 모습도 볼 수 있다. 신앙과 이성이 분리된 시대에도 신앙과 이성은 여전히 우리 안에 함께 있다. 이성은 우리가 맹목적인 믿음으로 나가는 것을 막아주고, 신앙은 이성의 활동에 풍요로운 의미와 맛을 부여한다.

신앙과 이성은 원래부터 인간의 문화와 삶을 규정하는 가장 중요한 두 요소였다. 새는 날기 위해서 두 날개가 필요하다. 진리를 향해 우리가 날 수 있었던 것은 신앙과 이성이라는 두 날개가 있기 때문이다. 신앙과 이성의 문제가 더 궁금하다면 아우구스티누스와 아퀴나스의 이야기를 들어보자.

대부분의 사상가들 역시 마찬가지겠지만 이 두 사람의 사상이 진공이나 백지 상태에서 나온 것은 아니다. 아우구스티누스와 아퀴나스의 사상은 철저하게 그들이 살았던 시대와 문화의 거대한 흐름 속에서 만들어졌다. 따라서 그들의 사상을 제대로 이해하기 위해서는 서구의 종교 사상과 문화의 흐름을 보아야 한다.

그런데 이들은 기본적으로 그리스도교 안에서 활동한 사람들이다. 서구 그리스도교는 이들을 낳은 어머니이며, 이들은 서구 그리스도교의 문명이라는 환경에서 자라고 활동한 지식인이다. 따라서 그리스도교라는 구체적인 요인을 제외한다면, 또는 이것을 출발점으로 삼지 않는다면 두 사람을 제대로 이해하기 어렵다. 또한 이를 통해 중세에 대해 좀 더 객관적으로 이해할 수 있다. 그렇다면 여정에 앞서 잠깐 이 두 사람의 배경을 먼저 살펴보자. 자, 그럼 이 두 사람을 이해하기 위해 중세의 오솔길로 들어서보자.

Aurelius Augustinus

Chapter 2

👥 만남

MEETING

Thomas Aquinas

중세 세계화의 기수
그리스도교

**축구의 하프타임과
중세**

중세를 생각하면 축구 경기의 하프타임half time이 떠오른다. '중간에 낀 시대 middle age', 중세라는 이름이 전반과 후반 사이에 끼인 하프타임과 비슷하기 때문이다. 중세와 관련된 이미지도 후반전을 기다리며 지루하게 보내는 하프타임의 이미지와 연결되는 것 같다.

눈을 감고 중세의 이미지를 떠올려보자. 무엇이 떠오르는가? 십자군 전쟁, 황제, 교황, 농노, 마녀사냥, 페스트, 종교재판, 기사, 성당 등. 그런데 중세의 이런 이미지는 밝고 긍정적인 것보다 왠지 모르게 어두운 것이 더 많다. 중세를 배경으로 하는 영화를 보더라도 전체적인 분위기는 어둡고 음산하기 그지 없다. 이런 이미지는 알게 모르게 중세는 '암흑 시대'라는 생각을 반영한 것이며, 그 이미지는 또다시 암흑시대로서 중세라는 기존의 관념을 강화시켰다.

그렇다면 중세라는 시기는 언제부터 언제까지일까? 이에 대한 의견은 다양해서 분명히 규정하기 어렵다. 일단 이 책에서는 연대기적으로 서로마제국이 멸망한 5세기 말(475)부터 르네상스와 종교개혁 시대인 15~16세기에 이르는 1천 년 이상의 시기라고 생각하자. 사상사적으로는 보에티우스Ancius Manlius Torquatus Severinu, Boethius, 470?~524 부터 데카르트René Descartes, 1596~1650 이전까지 1천2백여 년의 시기로 본다.

'중세'라는 표현은 어디서 비롯되었으며 언제부터 사용되었을까? 중세를 뜻하는 라틴어는 '메디아 애타스media aetas'나 '메디움 애붐medium aevum'이다. 이는 르네상스 인문주의자들이 만든 것으로 16세기 말에 일반화되었다. 그런데 중세라는 말은 이미 그 안에 중세 이전 시대와 중세 이후 시대라는 다른 시대를 전제하고 있다. 실제로 이 용어는 중세 시대와는 질적으로 다른 고대와 근대라는 두 시대의 간극을 메우기 위한 고민의 산물이었으며, 처음부터 부정적인 의미를 담고 있었다. 즉 중세라는 용어는 시대라고 할 만한 가치가 있는 두 시대, 그리스-로마 시대와 '새로운 시대' 사이에 끼어 있는 '중간 시대Middle Ages'를 말한다. 이 말을 사용하던 사람들이 느끼기에, 중세는 일종의 대기 시간 같은 '중간 시기'이며, 중요한 일이나 의미 있는 사건이 하나도 벌어지지 않은 보잘것없는 시기다.

그렇다면 그때 사람들은 중세를 왜 그렇게 별 볼일 없는 시대라고 생각했을까? 왜 그리스-로마 시대와는 질적으로 다른 시대이며, 격이 떨어지는 부끄러운 시대라고 생각했을까? 르네상스 인문주의자들에게 그리스-로마 시대는 자신들이 본받아야 할 고전시대였다. 예를 들어 르네상스 인문주의의 선구자였던 이탈리아의 프란체스코 페트라르카^{Francesco Petrarca, 1304~1374}는 그리스-로마 시대를 인간성이 존중되고 인간 본래의 창조적 힘이 꽃피웠던 행복한 시대라고 생각했다. 그리고 그 시대의 유산인 고전 학문이 부흥할 시대가 다시 도래하리라고 믿었다. 반면 중세는 앞서 존재했던 황금시대와 이제 다시 시작하는 황금시대 사이에 끼인 중간 시대에 지나지 않으며 어둠의 시대라고 폄하했다.

그래서 중세라는 말이 사용될 당시에 주된 관심은 실제로 '고대의 르네상스' 또는 고전 시대의 부흥에 있었다. '근대' 철학의 아버지라고 하는 데카르트의 묘비에는 "'학문의 근거를 다시 놓은 사람'이며 인간 이성의 권리를 옹호한 '첫 번째 사람'"이라고 새겨져 있다. 여기에서 첫 번째 사람이란 그냥 처음이라는 의미가 아니라 고대 세계가 몰락한 이래 새로운 시대, 즉 근대를 연 첫 번째 사람이라는 뜻이다.

이처럼 르네상스 인문주의 운동이 인간 본래 가치의 회복과 존중을 표어로 내세우고 중세를 비판하면서 일어났기에 중세가 부정적으로 그려지는 것은 자연스러운 일이었다. 또한 중세는 그리스도교가 지배하던 시대였기 때문에 인간의 본래 가치와 이성을 존중하는 사람들은 중세를 더욱 비판적으로 보았다. 중세 그리스도교는 세속 권력과 투쟁하거나 마녀사냥, 종교재판 등으

중세의 이미지들

로 인간의 자유를 억압하고 획일적인 절대 복종을 강요하던 본보기로 여겨졌다. 새 시대의 시작을 이끄는 르네상스 인문주의자들에게 중세는 처음부터 인간 존중과 거리가 먼 시대였다. 따라서 중세는 극복해야 할 대상이며, 어쩌면 있어서는 안 될 시대였다. 이쯤되면 다음과 같은 의문들이 꼬리를 물고 이어진다.

- 중세는 정말 암흑 시대였을까?
- 중세는 본래부터 어둡고 음울한 시대였을까?
- 그리스도교가 인간의 본래 가치를 무시하고 억압했기 때문에 암흑 시대가 된 것은 아닐까?

· 신앙의 이름으로 인간의 이성과 합리적 사유를 배격했을까?

축구장으로 다시 돌아가 끼인 시간 하프타임에 머물러보자. 그런데 하프타임이 꼭 심심하고 무의미한 시간만은 아니다. 하프타임에는 때때로 관중들을 위한 화려한 쇼가 펼쳐지기도 한다. 미식축구의 결승전에서 벌어지는 하프타임 쇼는 또 하나의 볼거리로 관중들과 시청자들에게 또 다른 즐거움을 선사한다. 물론 축구 경기의 목적과 하프타임 쇼의 목적은 다르다.

축구 경기에서 선수들은 정당한 승리를 얻기 위해 함께 땀을 흘리며 뒹군다. 하프타임의 쇼는 관중들에게 최대한 즐거움을 주려고 한다. 그렇지만 둘은 모두 최선을 다해 각각의 목적을 얻고자 노력한다. 다만 축구 선수와 하프타임 쇼의 주인공이 속해 있는 세계가 다를 뿐이다. 선수들은 축구 규칙에 따라 공을 차면서 승리를 얻고자 한다. 운동의 논리와 경쟁의 논리 속에서 모든 일이 이루어진다. 이에 반해 하프타임의 주인공은 관중에게 즐거움을 주기 위해 오락의 논리 속에서 움직인다. 축구의 즐거움도 크지만, 하프타임 쇼가 주는 즐거움 역시 남다르다.

전반전과 후반전에 끼인 시대인 중세의 세계는 우리가 생각하듯이 그렇게 무의미하거나 어둡지 않다. 축구 경기의 규칙에 익숙하고 쇼의 논리에 익숙하지 않은 이들에게 하프타임은 어색하기 짝이 없는 시간일 뿐이다. 마찬가지로 이미 근대를 지나고 현대 문명 속에 있는 우리는 자연과학적 합리성의 논리와 인간이 중심이 되는 현대적 논리에 익숙해 있다. 이런 논리를 당연하게 여기는 현대인에게 중세는 낯선 세계이다. 하지만 이런 중세에도 이 시대 나름의 세계를 이해하는 방식과 통일된 논리가 있다. 그것은 중세 세계관이며 그리스도교 신앙의 논리이다. 이 세계관과 신앙 논리의 중심에는 하나님이 있다. 중세 사람들에게 하나님이란 존재는 '당연한 것'으로, 의심이나 증명해야 할 대상이 아니었다.

그리스도교의 영향으로 형성된 중세 세계관은 '하나님 중심 세계관'이라고 할 수 있다. 여기에서는 하나님, 예수 그리스도, 인간이 핵심적인 구성 요소이다. 하나님은 세계를 창조하고, 인간은 하나님의 피조물이자 타락한 존재이며 죄인이다. 예수 그리스도는 인간을 구원하기 위해 이 땅에 내려온 하나님의 아들이다. 이 셋의 관계는 수직적 특징을 지닌다. 초월적이며 절대적

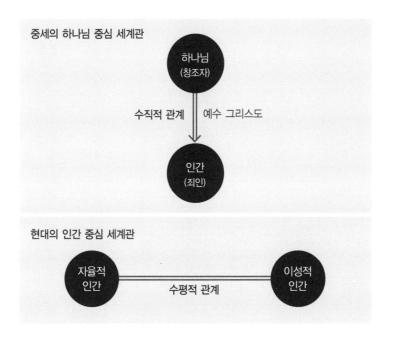

인 존재로 이 세계를 창조한 하나님에 비해 인간은 피조물이기 때문에 창조주 하나님을 떠나서는 아무것도 할 수 없다. 따라서 하나님과 인간은 수평적 관계가 아니라 수직적 관계이다. 게다가 태어날 때부터 죄인인 인간은 절대적으로 하나님께 의존하게 되며, 죄인으로서 인간은 선을 행할 수 없는 존재이기 때문에 하나님의 은혜를 통해서만 구원을 받을 수 있다. 이렇듯 모든 존재의 근원, 진리의 근원, 모든 행동 규범의 근원으로서 하나님을 빼고는 아무것도 생각하거나 행동할 수 없는 것이 바로 중세의 세계관이다.

그리스도교, 중세 세계화의 기수

최근 언론에 자주 등장하는 용어 중의 하나가 세계화이다. 이는 미국식 기준을 전 세계 표준으로 강요하고 미국 중심의 경제 체제로 다시 편성하려는 시도이다. 이런 시각에서 보면 아프리카의 사하라 사막에서도, 남미 파타고니아의 빙하에서도, 티베트의 라싸에서도 영어로 말하고, 맥도날드 햄버거를 먹고, 코카콜라를 마시는 모습을 상상할 수 있다. 그런데 중세 시대에도 이런 세계화의 풍경이 펼쳐졌다면 믿을 수 있을까? 사실이다. 중세 유럽은 일종의 세계화가 이루어졌다.

중세의 세계화에서는 영어 대신 라틴어가, 맥도날드와 코카콜라 대신 성당과 십자가가 그 주인공이었다. 유럽의 어느 곳에 가더라도 런던이나 파리, 로마에서 같은 상징물을 만날 수 있었고,

공통 예배 언어인 라틴어를 사용해서 같은 '전례' 의식에 따라 예배를 드렸다. 이런 일이 어떻게 일어날 수 있었을까? 그것은 바로 그리스도교 때문이었다.

　중세 유럽의 세계화를 이끈 그리스도교는 중세의 근거이자 토대였다. 중세 동안 유럽 사람들은 그리스도교 신앙에 근거해서 같은 가치관을 갖고 같은 관심사를 지녔다. 정치, 경제, 문화 그 어느 것을 살펴보아도 그리스도교와 관련이 없는 분야는 없었다. 황제라 할지라도 황제권을 제대로 행사하려면 교황의 승인이 필요했다. 교회나 수도원은 엄청난 규모의 땅을 소유한, 중세 사회를 움직이는 중요한 경제 주체였다. 중세의 예술 역시 그리스도교의 가르침을 좀 더 잘 전달하기 위한 중요한 도구였다. 교회나 성직자는 예술 활동의 가장 중요한 고객이었다. 그렇다면 학문은 어떤가? 물론 모든 학문의 중심에는 신학이 있었다. 그리스도교 신학의 틀을 본격적으로 체계화하기 시작한 사람이 바로 아우구스티누스이고, 중세 신학을 완성한 사람이 아퀴나스다.

　이렇게 그리스도교는 사상뿐만 아니라 사회·문화·경제·언어·윤리 등의 거의 모든 분야를 포괄하면서 중세 유럽을 하나로 통합했다. 중세에 서방교회는 광대한 지역에 영향을 미쳤다. 동서로는 대서양에서 그리스 경계까지, 남북으로는 스칸디나비아 반도에서 남쪽의 이슬람 국가 경계까지 그 영향권이었다. 이렇게 영역이 넓었지만 그 안에 살던 사람들은 로마 가톨릭교회라는 공동체에 속해 있었고, 그런 소속감으로 하나가 될 수 있었다.

**로마제국의 호수,
지중해**

오늘날의 그리스도교에는 크게 세 흐름이 있다. 로마 가톨릭교회^{Roman Catholicism}, 프로테스탄트교회^{Protestantism} (흔히 개신교라고 한다), 그리스 정교회 ^{Greek Orthodox} 또는 동방 정교회^{Eastern Orthodox}가 그것이다. 이들은 각각 천주교^{天主敎}, 개신교^{改新敎}, 희랍 정교회^{希臘 正敎會}라고도 한다. 이 세 흐름은 원래 한 뿌리였던 그리스도교가 두 번에 걸쳐 분열한 결과이다. 1045년 동방교회와 서방교회로 나뉘면서 오늘날의 그리스 정교회와 로마 가톨릭이 되었고 개신교는 16세기에 루터 ^{Martin Luther, 1483~1546}와 칼뱅^{Jean Calvin, 1509~1564}을 중심으로 한 프로테스탄트 종교 개혁을 통해서 로마 가톨릭과 나뉘게 되었다. 이 세 흐름은 시간이 지나면서 조금씩 다른 신학과 예배와 공동체를 형성했지만, 여전히 그리스도교라는 커다란 틀 안에 존재하고 있다.

그리스도교의 흐름은 앞으로 자세히 설명하겠지만, 우선 그리스도교가 어떻게 서부 유럽의 사상적 토대가 되었는지 그 출발부터 살펴보자. 그리스도교는 로마의 지배를 받고 있던 유대의 예루살렘에서 시작되었다. 당시 로마는 지중해 모든 영역을 포괄하는 유일한 제국이었으며, 로마 사람들은 지중해를 '우리 바다^{mare nostrum}'라고 불렀다. 그리스도교의 진원지라 할 수 있는 유대 지역은 이 광대한 로마제국의 일부였지만, 그렇게 중요한 곳은 아니었다. 이 지역에서 사용하는 언어는 아람어와 그리스어였지만 행정상으로 라틴어가 사용되었다.

유대교에 뿌리를 둔 그리스도교는 처음에는 유대교가 전통적

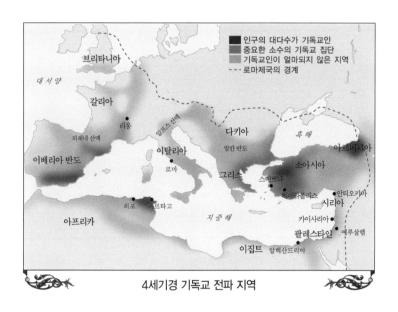

4세기경 기독교 전파 지역

으로 자리 잡은 지역, 특히 팔레스타인에서 번성했다. 그러나 바울 같은 초기 전도자의 노력으로 유대교가 정착한 이웃 지역으로 빠르게 확산되었다. 그 결과 1세기 말엽에는 지중해의 동부 연안을 따라 그리스도교가 퍼지고 로마제국의 수도에도 상당수의 교인들이 있었다. 2세기를 넘어서면서 그리스도인의 수가 점점 늘어나고 종교 조직이 강력해지면서 로마의 전통적인 종교에 대해 점점 도전적인 태도를 보이게 되었다. 그러자 3세기경 로마제국은 새로운 정책을 세우고 힘으로 그리스도교를 억누르려 했다. 이 과정에서 여러 번에 걸쳐 그리스도인에 대한 박해가 있었다. 그러나 그리스도교는 313년 콘스탄티누스의 밀라노 칙령Edict of Milan을 통해 공인받고, 392년 테오도시우스 황제에 의해 사실상 국가 종교가 되었다. 이제 가톨릭교회는 국가 교회가 되었고, 교회의 적은 로마제국의 적이 되면서 그리스도교는 박해받던 종교에서 지배자의 종교가 되고, 제도화된 그리스도교가 되었다.

그리스도교가 로마제국의 곳곳으로 전파되기 시작했을 때 그리스도인의 주된 과제는 그리스도교 사상을 이해시키고 자신들에 대한 오해를 없애는 것이었다. 전통적인 로마의 종교와 기타 다른 사상에 익숙한 사람들이 이제 막 생겨난 신흥 종교인 그리스도교에 대해 갖는 의심의 눈초리와 비판을 피하고, 때로는 박해에 직면해서 자신들이 누구인지 적극적으로 해명할 필요가 있었다. 하지만 로마제국의 동쪽 어느 구석인 팔레스타인에서 출생한 '예수'라는 사람과 그의 가르침을 설명하는 것은 쉬운 일이 아니었다. 팔레스타인 지역에 한 번도 가보지 못한 사람들에게, 그것도 예수가 활동하던 시대보다 몇 세대가 지난 뒤에 그 뿌리와 믿음의 내용을 설명해야 했기 때문이다.

이렇게 종종 국가로부터 박해를 당하던 초기 그리스도교가 당면한 문제는 생존이었다. 그래서 교회는 적대적인 이방인들 앞에서 그리스도교의 믿음과 실천을 옹호하는 데 관심을 쏟을 수밖에 없었다. 그러기 위해서는 그리스도교 신앙을 이성적으로 방어하고 합리화해야 했다. 이런 일에 앞장 선 사람들을 '변증가'라고 했는데 이들의 설명은 두 가지 측면에서 이루어졌다. 하나는 그리스도교와 유대교의 관계를, 다른 하나는 그리스도교와 그리스-로마 문화의 관계를 밝히는 것이었다. 이렇게 초기 그리스도인의 주된 관심은 유대교와의 차별성을 강조하면서 동시에 로마제국을 지배하던 헬레니즘 문화와 자신들의 관계를 규정하는 것이었다. 교회의 존립 자체가 위협받는 상황에서 신학 논쟁은 제한적일 수밖에 없었다.

그렇지만 교회가 더이상 박해받지 않게 되면서 본격적인 신학 논쟁이나 헬레니즘의 신학적 수용 문제에 대한 토론이 시작되었다. 그리스도교가 로마제국의 종교로 공인된 다음부터 교회의 문제는 교회 안에서 그치지 않았다. 이제는 교회의 문제가 로마제국 전체에 걸쳐 공적인 관심사가 되었다. 제국의 종교가 된 그리스도교에 발생한 문제는 곧 제국의 문제가 되었고, 교회의 분열은 제국의 분열을 가져올 수 있었다.

콘스탄티누스 황제 시절에 본격화된 신학 논쟁을 예로 들 수 있다. 아리우스$^{Arius, 250?~336?}$와 아타나시우스$^{Athanasius, 295~373}$를 중심으로 벌어진 예수의 본성 문제, 즉 '예수에게서 인성人性과 신성神性이 어떤 관계를 갖는가' 하는 문제가 그것이다. 이 그리스도론 논쟁은 이제 막 정치적으로 다시 통일된 제국을 사상적으로 분열시키는 것처럼 보였다. 자신의 제국 안에 하나의 교회가 존재하기를 원했던 콘스탄티누스 황제는 교리적 차이로 교회가 분열되는 것을 원하지 않았다. 그래서 그는 이 문제를 우선 논의하고 신학적으로 정립하려고 했다. 이 교리 논쟁은 신학적으로뿐만 아니라 정치적으로도 중요한 안건이 되었다. 몇 번의 중재가 실패로 돌아가자 콘스탄티누스는 325년 제국 전역에 있는 1천8백여 주교들에게 편지를 띄워 제국 공의회를 소집했다. 그는 공의

하나님과 예수가 동일한 본질을 가지고 있다는 내용의 니케아 신조와 니케아 공의회 모습

회를 위해 니케아(오늘날 터키의 이즈니크)에 있는 화려한 궁전 대강당을 내주었는데, 이것이 니케아 공의회이다.

이 공의회는 아리우스주의를 정죄하고, 하나님과 예수가 동일한 본질을 가지고 있다는 내용을 포함한 니케아 신조를 정했다. 니케아 공의회는 이런 신학적 논의와 함께 교회의 제도에서 중요한 전기를 마련했다. 이 공의회를 주도한 황제 콘스탄티누스는 교회 조직을 제국의 조직에 맞추어 정비했다. 제국의 주州별로 교회에 총 대주교 한 명과 지역 시노드synod, 종교회의를 두도록 했다. 첫 공의회에서 로마, 알렉산드리아, 안티오키아의 총대주교좌와 그와 동등한 지위의 예루살렘이 강조됨으로써 총대주교좌 중심 체계가 뚜렷이 모습을 드러냈다. 로마제국은 이제 자신의 제국교회를 갖추게 되었다. 지금까지는 제국 안의 지역이나 교회가 조금씩 다른 신앙고백문을 사용해왔지만, 이제 제국교회는 통일된 보편적 신앙고백문이 필요했다. 이것을 모든 교회가 교회법이자 제국의 법으로 수용해야 했다. 콘스탄티누스는 그래야 제국의 일치를 확립할 수 있다고 믿었다. 제국의 표어는 다음과 같다.

　　한 하나님-한 황제-한 제국-한 교회-한 신앙!

　이 사이에 그리스도교 신앙의 내용은 더욱 체계화되었다. 당시 로마제국 안에서 동쪽 지역은 그리스어를, 서쪽 지역은 라틴어를 사용하면서 서로 다른 언어권과 문화권을 형성하고 있었다. 초기 그리스도교 교회와 신학자들도 사용하는 언어에 따라 자연스럽게 그리스 신학자와 라틴 신학자로 나뉘게 되었다. 그 결과 로마와 카르타고를 중심으로 라틴-그리스도교 문화와 신학, 콘스탄티노플과 알렉산드리아, 안티오키아를 중심으로 그리스-그리스도교 문화와 신학이 형성되었다. 이 도시들 가운데 라틴어를 사용하던 카르타고, 그리고 그리스어를 사용하던 알렉산드리아와 안티오키아가 신학 논쟁의 중심지로 부각되었다. 이 세 도시는 서로 다른 관점에서 저마다 독특한 신학의 유형을 형성하면서 신학 논쟁을 주도했다.

　4세기에 등장한 아우구스티누스는 이 세 흐름 가운데 카르타고 신학의 전통 속에 있다. 그는 라틴어 문화권에서 그리스 교부들의 신학적 논의를 수용하고 그리스도교 신학의 역사에서 처음으로 포괄적이고 조직적으로 신학을 체계화했다. 그의 신학 사상은 라틴적-게르만적 신학의 패러다임을 형성한 것으로 평가되며, 그 후 서방 그리스도교는 철저히 그 전통에 충실했다. 적어도 서방 그리스도교가 이슬람 문명을 만나고, 아리스토텔레스 사상을 수용한 아퀴나스가 그의 신학 전통을 갱신하기 전까지 서방교회, 즉 로마 가톨릭교회의 주류 신학으로 확고하게 자리 잡게 된다.

신앙과 이성을 결합하다

그렇다면 아우구스티누스에서 아퀴나스로 이어지는 중세 그리스도교 사상의 특징은 무엇인가? 그것은 신앙과 이성의 결합, 신학과 철학의 종합이라고 할 수 있다. 신앙과 이성을 긴밀하게 결합하는 것이 오늘날에는 이상하게 보일지 모르나 당시에는 고대 그리스 유산인 이성과 새롭게 등장한 그리스도교 신앙과 관계를 설정하는 문제, 즉 신앙과 이성의 문제는 시급하게 해결해야 할 문제였다.

그리스도교는 이 문제를 어떻게 해결했을까? 초기 그리스도교 사상가들이 그리스 철학이나 헬레니즘 문화에 어떤 태도를 취했는지 살펴보면 이에 대한 대답을 얻을 수 있다. 팔레스타인에서 시작한 그리스도교가 지중해 지역으로 확대되어 나가면서 가장 먼저 만난 것이 헬레니즘 문화였다. 헬레니즘은 고대 그리스의 고유한 문화와 동방Orient 문화가 융합되어 형성된

개인주의적이고 보편주의적인 문화와 사조를 말하는 것으로, 당시 세계를 지배하고 있었다. 헬레니즘이라는 새로운 환경에서 그리스도교와 헬레니즘 문화의 관계를 규정하는 것이 매우 급한 과제였다.

:: 테르툴리아누스
카르타고 출신의 서방 라틴 교부신학자. "불합리하기 때문에 나는 믿는다"라는 유명한 말과 31권의 저술을 남겼다.

그때 테르툴리아누스 Quintus Septimius Florens Tertullianus 160~220 가 제기했던 "예루살렘과 아테네가 무슨 상관이 있느냐?"는 질문은 이들의 고민을 상징적으로 대변한다. 예루살렘과 아테네, 즉 그리스도교와 헬레니즘 사상의 관계에 대해 초기 그리스도인은 어떤 태도를 보였을까?

찬성과 반대라는 두 가지 반응으로 나눌 수 있다. 첫째, 반대 입장을 취한 일부 그리스도인은 그리스도교와 헬레니즘 문화를 분명히 분리하고 스토아주의나 플라톤주의 철학을 배척했다. 테르툴리아누스가 그 대표적인 사람이다. 그는 플라톤의 아카데메이아 Akadémeia 와 교회 사이에 아무런 일치점이 없다고 주장하면서 플라톤의 사상을 그리스도교에 도입하는 것을 반대했다.

둘째, 찬성 입장을 취한 대

다수의 사람들은 헬레니즘 문화와 사상을 적극적으로 수용하여 그리스도교의 가르침에 적용하려고 했다. 당시 초기 그리스도교 지성인은 헬레니즘 문화 특히 플라톤 철학과의 교류를 통해, 자신들의 신앙을 체계화하고 합리적으로 설명하려고 시도했다. 이런 시도는 상당히 성공적이었다.

예루살렘과
아테네는 이웃이다

이렇게 정통적인 신앙의 길을 걸으면서도 자신의 신앙을 합리적으로 이해하려는 노력이 초기 그리스도교의 주류를 이루었다. 이들은 대개 그리스어를 사용하던 고대 교부들로 유스티누스[Justinus, 100~164], 클레멘스[Titus Flavius Clemens, 150?~215?], 오리게네스[Origenes, 185?~254?]가 그 대표적인 사람들이다. 유스티누스는 인간 이성이 그리스도교의 계시를 받아들일 수 있다고 전제했다. 인간의 정신은 본래 하나님에 대한 관념과 자연법 관념을 지니고 있으며, 이 관념은 이미 인간 정신을 그리스도교로 향하게 한다고 말했다. 클레멘스와 오리게네스 역시 계시 진리를 이해하는 데 철학이 커다란 가치가 있다고 주장했다. 이들은 그리스도교 신앙과 그리스 사상을 접목함으로써 최초의 그리스도교 신학이라 일컬어질 만한 결과를 만들어냈다.

다시 말해 이들은 그리스 철학의 원리와 도구를 가지고 자신들의 그리스도교 신앙을 설명하려고 했다. 헬레니즘의 문화와 사상의 옷을 입은 그리스도교는 드디어 로마제국의 국교가 되었으며, 마침내 유대 민족의 종교에서 세계의 종교로 변신한다. 이것을 그리스도교의 '헬레니즘화Hellenization'라고 한다.

이렇게 헬레니즘 문화나 그리스 사상을 적극적으로 그리스도교에 받아들인 사람들의 배경은 무척 다양하다. 이 고대 교부들이 사용한 언어와 활동한 장소, 시기는 모두 다르기 때문에 이들의 공통점을 말하는 것은 지나치게 일반화하는 위험이 있다. 그럼에도 불구하고 공통된 특징 두 가지를 말할 수 있다.

첫째, 초기 그리스도교 사상가 대부분이 플라톤주의의 영향을 받고 있다는 점이다. 위에서 다룬 사람들 외에도 니케아 공의회의 두 주역 아리우스와 아타나시우스 역시 예수의 본성이나 예수와 하나님의 관계에 대해 서로 대립되는 주장을 하지만, 둘 다 플라톤 사상을 자신들의 이론적 전거로 삼고 있었다. 초기 그리스도교 신학은 플라톤주의 사상을 도구로 하여 형성되었다고 해도 지나친 말이 아니다. 플라톤주의 세계관은 참된 존재의 세계인 이데아Idea계와 우리가 살아가는 감각계, 즉 그림자 세계를 구별했는데, 이런 이원론적 세계관은 이 세상과 하나님의 나라를 구별하는 그리스도교 세계관을 설명하는 데 적합한 것이었다.

둘째, 초기 교부들이 보여주는 또 한 가지 공통점은 '계시된 진리나 지식'과 '인간의 자연적 이해 능력으로 얻은 진리나 지식'이 서로 다른 것이거나 대립될 수 없다는 신념이다. '믿는 것'과 '아는 것'은 분리되지 않는다는 것이 이들의 생각이었다. 신앙의 맹목성을 배제하고 믿는 것에 대한 나름대로의 이해를 추구하는 이런 태도는 초기뿐 아니라 스콜라 시대에 이르기까지 중세 그리스도교 사상의 전반을 지배하는 근본적인 태도가 되었다.

아우구스티누스는 좁게는 하나님에 대한 논의에서, 넓게는 그의 신학 사유 전체까지 한 번도 신앙과 이성을 두부 자르듯이 분명하게 구분한 적이 없다. 오히려 신앙과 이성은 또는 그리스도교 신학의 영역과 그리스 철학의 영역은 분리되는 것이 아니라 아주 긴밀하게 연결되어 있다고 여겼다. 모든 진리는 하나님의 진리이기 때문에 철학은 신학에 유용하다고 보았다. 이런 의미에서 아우구스티누스는 신앙과 이성, 철학과 신학의 융합을 추구하던 스콜라주의라는 '중세적 종합'의 선구자였고, 아퀴나스는 그 완성자였다.

　신앙과 이성의 관계를 초기 그리스도교 안에서 '거부'와 '수용'이라는 두 가지 관점에서 다음과 같이 유형화시킬 수 있다.

| 수용 | 신앙이 이성을 수용 | 온건한 합리주의적 신앙 | 오리게네스 |
| 거부 | 신앙이 이성을 거부 | 극단적 신비주의적 신앙 | 테르툴리아누스 |

　아우구스티누스에서 아퀴나스로 이어지는 중세 신학의 흐름은 신앙이 이성을 수용하는 유형에 해당한다. 물론 그리스도교 역사를 통해 나타나는 다양한 신학들을 이렇듯 단순하게 범주화할 수는 없다. 또한 아우구스티누스와 아퀴나스 모두 적극적으로 철학을 신학 작업에 수용하지만, 그 전개 방향은 각각 다르다. 아우구스티누스가 위로부터 합리적으로 신앙과 이성을 종합하려고 했다면, 아퀴나스는 아래로부터 합리적으로 신앙과 이성을 종합하려고 한다. 이제 고대와 중세를 잇는 가교였던 아우구스티누스의 이야기부터 시작해보자.

아우구스티누스의
지적 여정을 따라

아우구스티누스는 서구 그리스도교 사상의 흐름에서 본다면 '문'이나 '저수지'에 비유할 수 있다. 고대와 중세 사이에 있는 '문' 같은 존재. 그를 통해 뒤돌아보면 고대 세계가 보이고, 앞으로 나아가면 중세 세계가 펼쳐진다. 그가 '저수지' 같다고 표현한 것은 고대 그리스도교 신학과 다양한 철학·종교의 흐름이 그에게 흘러들어갔다는 의미이다. 또한 중세 유럽을 지배했던 그리스도교 사상의 거의 모든 물줄기가 바로 이 거대한 저수지 하나에서 나왔다는 것을 의미하기도 한다. 아우구스티누스는 그 어느 신학자보다 크고 넓게 서방교회의 신학과 경건한 생활의 기초를 다졌다. 이런 점에서 볼 때 그는 초대교회와 헬레니즘적 패러다임을 라틴적·중세적 패러다임으로 이끌었던 중세 스타일의 교부였다고 할 수 있다.

초대교회의 헬레니즘적 패러다임을 라틴적·중세적 패러다임으로 이끈 아우구스티누스

아우구스티누스는 원래 지극히 세속적인 인간이었고, 재능 있는 심리학자이자 변증가였으며 문필가였다가 마침내 열정적인 그리스도인이 되었다. 그는 자신의 다양한 삶의 체험을 그리스도교 신학 체계에 융합시켜 새로운 신학적 사고 체계를 제시했다. 그는 그 어떤 고대 사상가보다도 월등하게 많은 저작을 남겼다. 특히 그리스도교 신앙과 신플라톤주의 Neoplatonism 사상을 조화시키려고 노력했다. 자, 그럼 아우구스티누스의 생애를 따라가면서 그를 살펴보자.

라틴 문학을 익힌 북아프리카 소년

아우구스티누스는 354년에 태어나서 430년에 세상을 떠났다. 그는 죽기 전까지 34년이라는 긴 세월을 로마제국의 영토였던 북아프리카의 항구도시 히포(오늘날 알제리의 아나바)에서 주교이자, 교회정치가, 신학자로 살았다. 그는 카르타고의 베르베르 종족 출신이었다. 베르베르인은 신체적으로 작은 키, 검은 피부, 넓은 어깨, 좁은 엉덩이를 특징으로 했으며, 신경질적이고 극성스런 기질을 갖춘 전형적인 전투사들이다. 그들은 알프스 산맥을 넘어 로마를 위협한

한니발^{Hannibal, BC 247~183}의 후손이었다. 아프리카 출신으로 생의 대부분을 아프리카에서 보내고 게다가 피부색까지 갈색이라면 그는 당연히 '아프리카인'이고 '흑인'이 아니었을까?

그는 키케로^{Marcus Tullius Cicero, BC 106~43}, 마니교^{摩尼敎, Manicheism}•, 신플라톤주의, 그리스도교에서 큰 영향을 받았다. 이들과 만나면서 삶에 대한 태도나 생각이 크게 바뀌게 된다. 또한 그리스도인으로 개종하고 사제로 활동하면서 몇 번의 신학 논쟁을 통해 자신의 생각을 수정하고 새롭게 형성했다. 따라서 그의 삶의 여정을 따라가며 그를 이해하는 것이 가장 효과적일 것이다.

아우구스티누스는 아버지 파트리키우스^{Patricius}와 어머니 모니카^{Monica} 사이에서 태어났다. 아버지는 이교도였지만 죽기 전에 그리스도인이 되고 세례를 받았다. 어머니는 신앙심이 깊은 그리스도인으로 아우구스티누스의 일생에 엄청난 영향을 주었다. 그가 태어난 누미디아 주의 타가스테^{Thagaste}는 내륙의 구릉지에 있는 마을로 그가 태어날 때 이미 3백 년이 넘는 역사가 있는 오래된 시골이었다. 오늘날 수크-아라스^{Souk-Ahras}에 있는 동부 알제리의 교차로이자 장터이다. 그의 부모는 약간의 땅과 여자 노예 한둘이 있었지만 부자라고 하기는 힘들었다. 아버지는 아우구스티누스가 방황하던 10대 사춘기 무렵 세상을 떠났다.

청년 시절 아우구스티누스는 어

:: 마니교

3세기 초 마니가 조로아스터교에 그리스도교, 불교, 바빌로니아의 원시 신앙을 가미하여 만든 자연 종교의 하나. 선악의 이원론에 근거한 간단하고 분명한 교리와 예배 방식, 준엄한 의무와 도덕 계율을 중요하게 여겼다. 마니의 처형과 함께 페르시아에서는 박해를 받았으나 지중해와 중국까지 전파되고 14세기에 이르러 사라졌다.

머니의 신앙에도 불구하고 그리스도교를 거부하다가 오랜 방황 끝에 그리스도교를 받아들인다. 그가 새로운 스타일의 신학을 전개할 수 있었던 것은 그의 출생과 교육적·문화적 배경과 깊은 관련이 있다. 그리스도인이 되고 나서 그의 가치관은 상당히 달라졌지만, 지적 능력과 문화적 소양은 여전히 그리스-로마 문학과 철학에 바탕을 두고 있었다. 그가 다른 그리스도교 사상가들보다 특출한 업적을 남길 수 있었던 것도 수준 높은 문학적 소양을 갖추고 있었기 때문이다. 그렇다면 북아프리카 내륙의 '시골 출신'이 어떻게 이런 교육을 받을 수 있었을까?

아우구스티누스의 지적 능력과 문학적 소양은 당시 북아프리카의 정치적이며 문화적인 배경과 부모의 남다른 교육열의 결과였다. 고대 세계에서 북아프리카는 야만의 땅이 아니었다. 오히려 남부 유럽을 제외한 지금의 서부 유럽과 북부 유럽이 야만의 땅이고 미개의 땅이었다. 당시 그가 살았던 북아프리카는 로마 제국의 식민지였으며, 카르타고나 히포 같은 큰 도시를 중심으로 수준 높은 문화 생활이 이루어지고 있었다.

당시 북아프리카는 식량 공급지로서 이탈리아와 경제적으로 활발하게 교류하고 있었다. 또한 북아프리카는 부유한 식민지로 오랫동안 평화를 누리면서 번성한 덕분에 법률가나 의사, 당시에는 문법학자라고 하는 문학 교사들을 비롯해 교양 수준이 높은 사람들이 많이 살고 있었다. 중산층까지 포함해서 이곳 사람들의 생활 수준은 이탈리아보다 높았다. 많은 이들이 여름이 되면 카르타고나 히포에서 얼마 떨어지지 않은 이탈리아 지역에서 해상 여행을 즐겼기 때문에 북아프리카 사람들이 이탈리아인을 만날 기회가 많았다.

이렇게 로마제국의 전성기에 지중해는 로마의 호수였다. 지중해를 둘러싼 동서남북 사방이 모두 로마의 지배를 받고 있었기 때문에 당연히 지중해 북단과 남단, 즉 지금의 이탈리아와 북아프리카는 하나의 세계였다. 그들은 모두 라틴어를 사용했는데, 마치 영국 사람은 영국식 억양의 영어를, 인도 사람은 인도식 억양의 영어를 구사하듯이 북아프리카에 살던 사람들은 그들 특유의 독특한 억양의 라틴어를 사용하고 있었다.

물론 북아프리카 지역은 라틴어 외에 여러 가지 언어들이 다양한 혈통의 사람들에 의해 사용되었다. 농장의 농부들은 베르베르인과 페니키아인으로 포에니어를 썼던 반면, 카르타고나 히포 같은 항구 도시에서 시칠리아나 남부 이탈리아와도 밀접한 관계를 맺고 있던 무역상들은 그리스어를 사용했다. 오랫동안 이 지역 사람들이 쓰던 언어는 그리스어였지만, 교육을 받은 사람들이나 군대와 행정기관에서 사용하는 언어는 역시 라틴어였다. 2세기에 이르러 북아프리카에 그리스도교가 활발하게 전파되며 그리스도인이 많이 생겨나자, 이들을 위해 그리스어 성서가 라틴어로 번역되었다. 아우구스티누스는 베르베르인이었지만, 그의 집이나 학교는 완전히 라틴 문화권에 속해 있었다.

또 하나 아우구스티누스의 교육에 큰 영향을 미친 것은 부모의 교육열이었다. 그의 부모는 재산이 그렇게 많지 않았지만 교육열은 대단했던 것 같다. 당시 교사나 변호사, 정치가로 출세하기 위해서는 좋은 학교에서 교육받는 것이 꼭 필요했다. 교육은 가난한 사람들이 성공에 이르는 거의 유일한 지름길이었다. 아우구스티누스의 부모도 이 방법을 택하고 아들에게 가장 좋은 교육을 받도록 했다. 그는 처음에 타가스테 지역의 학교에서 라틴어 읽기, 쓰기, 계산하기 등을 배웠다. 이 시절 아우구스티누스는 그리스어를 배웠는데 강압적인 분위기에서 이루어지던 그리스어 수업을 싫어했다. 그 때문인지 모르지만 그는 그리스어를 제대로 구사하지 못한 아주 드문 고대 라틴 사상가가 되었다.

고향 타가스테에서 학업을 마친 뒤 아우구스티누스는 이웃 도시인 마다우라에서 라틴 문학과 문법의 기초를 닦았다. 아버지가 세상을 떠난 뒤 이웃에 사는 부자 로마니아누스의 도움을 받아 카르타고로 갔다. 당시 카르타고는 북아프리카의 정치, 문화의 중심지이자 지방 수도였다. 그는 여기에서 언어와 문학, 변증법과 수사학, 교양 과목으로 수학, 음악, 기하학, 천문학, 철학을 배웠다.

이런 교육을 통해 아우구스티누스는 고전 라틴 문학에 대한 해박한 지식을 갖게 되었고, 가슴 깊이 새기게 되었다. 그가 받

∷ 아우구스티누스의 저작

아우구스티누스는 대표 저작이라고 할 수 있는 《고백록》과 《신국론De Civitate Dei》, 《삼위일체론》을 포함해서 엄청나게 많은 저작을 남겼다. 그가 생애 말기(426~427)에 쓴 《보정록 Retractationes》에서 자신이 쓴 93개의 저작을 언급하고, 그것들을 쓰게 된 경위와 내용을 다시 비평적으로 교정하고 보완한다. 물론 여기에는 그가 썼던 많은 양의 편지, 설교, 연설이 포함되지 않는다.

은 교육은 오늘날 교육 방식과 달랐다. 책이 귀했던 고대와 중세의 필사본 시대에 학교 교육이란 과거의 인상적인 '시대'의 가르침을 기계적으로 외우는 것이었다.

아우구스티누스와 그의 어머니 모니카의 모습을 표현한 스테인드글라스

이런 교육에는 여러 분야마다 외워야 할 모범적인 인물과 저작이 있었는데, 그리스인에게 대표적인 스승은 시 분야에서 호메로스Homeros, BC 800?~750, 역사에서 헤로도토스Herodotos, BC 484?~ 425?와 투키디데스Thucydides, BC460?~400?였다. 이들에게 철학은 모두 플라톤이나 아리스토텔레스, 스토아학파Stoicism, 에피쿠로스학파Epicurean School에 대한 각주에 지나지 않았다. 그리스인과 마찬가지로 로마인도 자신들의 옛 스승을 고전의 모범으로 여기고 따랐다. 산문과 웅변에서 키케로, 시는 베르길리우스Publius Vergilius Maro, BC 70~19와 호라티우스Quintus Horatius Flaccus, BC 65~8가 그 모델이었다. 아우구스티누스 시대의 사람들은 키케로의 웅변이나 베르길리우스의 시 전체를 외울 수 있을 정도로 교육을 받았다. 그의 마음속에도 키케로의 산문과 베르길리우스의 시가 깊이 새겨져 있었다. 아우구스티누스는 글을 쓸 때마다 거의 어김없이 그들의 글을 기억해내고 인용했으며, 고전 라틴 문학에 등장하는 구절을 자주 인용하곤 했다.

카르타고에 머물던 무렵, 아우구스티누스는 한 여성을 만나 아들 아데오다투스('하나님이 주셨다'는 뜻)를 두었다. 아들이 태어난 해인 372년경부터 시작된 두 사람의 동거는 13년 동안 이어졌지만, 384년 아우구스티누스가 밀라노에서 출세에 유리하고 신분에 맞는 결혼을 하기 위해 그녀를 떠나보내면서 끝났다. 이런 경험은 그가 그리스도인으로 개종한 뒤 남녀 관계나 육체적인 욕정, 물리적 감정에 대한 문제에 특별히 관심을 두고 금욕적 태도를 취하는 데 영향을 주었다.

일반적으로 아우구스티누스는 그리스도교 사상가로 알려져 있다. 하지만 그의 사상은 어려서 배운 라틴 고전 문학과, 앎과 삶의 문제를 해결하는 과정에서 만난 마니교, 신플라톤주의와 같은 사상을 수용하고 거부하며 그리스도교 틀 안에서 종합한 결과이다. 이제 아우구스티누스가 그리스도인이 되기 전에 걸었던 사상적 경로를 살펴보자.

**철학에
눈을 뜨다**

젊은 아우구스티누스에게 철학적으로 가장 영향을 많이 준 사람은 키케로이다. 키케로의 대화편《호르텐시우스Hortensius》는 그에게 상당히 강한 인상을 주었다. 나이 들어 쓴 글에서도 그가 열아홉 살 무렵에 읽었던 이 책의 몇 구절을 인용할 정도였다. 아무튼 키케로는 아우구스티누스에게 '지혜를 위한 사랑', 즉 철학을 일깨웠으며, 개종 전까지 끊임없이 철학을 추구하게 했다.

키케로가 추구하는 이상은 개인적으로 자족하는 삶이었으며, 그는 쾌락만을 좇는 삶은 행복을 가져다주지 못하며 방종은 자존심과 참된 우정을 파괴할 뿐이라고 주장했다. 이렇게 고대 사람들에게 '철학'은 이론적 사상뿐만 아니라 올바른 삶에 관한 깨달음과 생활방식까지 포괄하는 것이었다. 그

아우구스티누스에게 철학을 일깨워준 키케로

리스도교를 옹호했던 초기 그리스도교 변증가들이 그리스도교를 '참된 철학'으로 추구할 만한 가치가 있다고 선포할 수 있었던 것은 바로 이런 맥락에서였다.

아우구스티누스는 키케로를 보면서 윤리와 종교 문제를 진지하게 생각하게 되었다. 그의 아버지는 평생 이교도로 살다가 죽을 때 세례를 받았다. 반면 어머니는 신앙심이 깊은 그리스도인으로 날마다 교회에 가서 기도하고 종종 꿈이나 환상을 보기도 했다. 어머니는 어린 아우구스티누스에게 교리문답敎理問答을 가르쳤고, 회의로 가득 찬 10대 소년이던 그를 교회로 데리고 가기도 했다. 열아홉 살 무렵의 아우구스티누스는 키케로가 던졌던 진지한 질문, '지혜를 위한 사랑' 특히 행복에 관한 진지한 물음을 그리스도에 대한 문제와 연결시켜 성서를 읽기 시작했다.

그러고는 성서에 실망한 채 교회를 떠나게 된다. 그는 구약성서의 야만적인 역사나 성서의 분명하지 않은 의미 때문에 선뜻

성서에 다가갈 수 없었다. 그가 읽은 라틴어 성서는 제대로 교육받지 못한 2세기 무렵의 선교사들이 번역한 것으로 문체가 거칠고 수준도 낮았다. 키케로의 웅변적인 어투나 베르길리우스의 유려한 문장에 익숙한 그에게 거친 문체의 라틴어 성서는 눈에 차지 않았다. 그는 자연히 성서에서 멀어져 갔고 교회를 떠나게 되었다. 그 뒤 아우구스티누스는 지나치게 종교적이지 않으면서도 인간의 삶을 인도하는 것처럼 보였던 점성술에 심취하기도 했다. 이런 상황에서 아우구스티누스는 더 합리적이고 더 지적이라고 생각하던 마니교에 호감을 갖게 된다.

마니교에 관심을 갖다

마니교는 한 세기 전에 마니[Mani, 216~274?]가 시작한 종교 운동이다. 마니교는 그가 이미 오랫동안 고민하던 '악은 어디에서 오는가?'라는 질문에 명쾌한 답변을 제시하고 있었다. 그럼 마니의 주장은 어떤 것일까?

마니는 자신이 받은 계시를 통해 '다른 종교와 구별되는 종교'를 만들었다고 주장했다. 그는 선과 악, 물질과 정신으로 나누는 이원론二元論적인 시각과, 신과 우주를 같은 것으로 보는 범신론汎神論적 관점에서 모든 사물을 해석했다. 그는 세계와 이를 창조한 창조주가 선하다고 보는 구약성서의 권위를 인정하지 않았다. 또한 신약성서 중에서도 구약성서의 권위를 인정하는 구절은 모두 삭제하고, 신약성서의 나머지 부분만을 건전한 책으로 여겼다. 마니는 모든 종교의 진리를 관대하게 인정했지만 정통 그리스도교 교회(당시에는 가톨릭교회)만큼은 다른 종교의 신화나 예배 형태를 지나치게 배척한다는 이유로 거절했다.

마니의 핵심적인 가르침은 '악의 기원'은 무엇이며, 어떻게 하면 악에서 벗어날 수 있는가였다. 그에 따르면 악은 빛과 어둠 사이의 우주적인 갈등에서 생겨난 것으로, 선과 악은 빛과 어둠의 두 적대적인 원리이다. 인간 또한 영과 물질로 이루어져 있기 때문에 인간의 마음에서는 선과 악 사이에 전쟁이 일어나고 있다고 보았다. 마니교는 물질을 부정적으로 보면서 '육체라는 좀 더 열등한 절반'을 어둠의 지배자인 악마가 만들어낸 잘못된 작품으로 여겼다. 따라서 악에서 벗어나기 위해 육체가 속해 있는 물질 세계에서 벗어나야 하고, 이를 위한 방법으로 극단적으로 금욕적인 도덕성을 강조했다.

마니교의 공동체는 두 계층으로 이루어졌다. 하나는 대단히 높은 수준의 윤리와 금욕에 대한 규범을 지켜야 하는 '선택받은 사람들'이다. 다른 하나는 낮은 계층의 '듣는 사람들'이다. 절대적인 독신 생활은 '선택받은 사람들'에게만 요구되었다. '듣는 사람들'은 자신의 아내나 아우구스티누스처럼 결혼식을 올리지 않은 아내와 동거할 수 있었다. 마니교에서 성^性이란 어디까지나 악마의 발명품에 지나지 않았다. 아우구스티누스는 카르타고와 로마에서 가르쳤던 10년 동안 '듣는 사람들'에 속해서 마니교의 가르침을 따랐다.

그런데 아우구스티누스는 카르타고에서 교사로 활동하던 시기에 마니교와 내면적으로 점점 멀어졌다. 마니교의 가르침 가운데서 모순을 발견했고, 그에 대해 비판적인 질문을 할 때마다 마니교 추종자들이 명확하게 답하지 못했기 때문이다. 그가 29세 때 마니교도들의 정신적 스승 파우스투스 주교가 카르타고에 왔지만, 그에게서도 기대했던 적절한 답을 듣지 못했다. 이로 인해 아우구스티누스는 마니교에 더욱 실망했다. 그는 마니교와 공식적인 관계를 끊지 않는 상태에서 회의주의 철학자들의 저작을 탐구하기 시작했다. 아우구스티누스는 383년에 친구들의 권유로 출세를 위해서, 그리고 말을 잘 듣는 좋은 학생들을 기대하면서 로마로 떠났다.

암브로시우스와 만나다

아우구스티누스는 로마에 도착했지만 이곳에 머무른 기간은 그리 길지 않다. 그는 이곳에서도 학생들에게 실망했다. 그들은 규율은 잘 지켰으나 수업료를 떼돌리기도 했다. 그러나 뜻밖에도 그가 로마에 간 첫해에 출세할 수 있는 좋은 기회가 생겼다. 밀라노에 있는 황실에서 황제와 다른 주요 인사들을 공개적으로 찬양하는 연설을 하거나 수사학을 강의할 수사학의 대가를 찾고 있었다. 아우구스티누스는 마니교도 친구의 도움으로 이 자리에 추천을 받아 밀라노로 떠났다.

아우구스티누스는 밀라노에서 처음으로 자기에게 뒤지지 않는 그리스도교 지성인을 만나게 되었다. 그는 밀라노의 주교 암브로시우스Ambrosius, 340~397였다. 암브로시우는 374년에 주교가 되었지만, 그 전에는 북이탈리아의 한 주州에서 주지사를 지낸 바 있었고, 그리스도교 귀족 가문에서 태어나 제대로 교육을 받은 덕에 그리스어에도 능통했다. 그의 설교는 바실리우스[Basilius of Caesarea, 330?~379]나 유대교 철학자 필론[Philon Judaeus, BC 15?~AD45]뿐만 아니라 플로티노스[Plotinos, 205~269?]의 사상과 영감으로 가득 차 있었다. 플로티노스에게 크게 영향을 받은 암브로시우스는 그리스 철학을 진리에 이르는 안내자라고 여겨 신중히 다루었다. 그는 밀라노에 도착한 아우구스티누스를 친절히 맞아주었으며, 어머니 모니카도 암브로시우스를 극진히 떠받들었다.

마음속으로 마니교를 떠난 아우구스티누스는 세례 지원자로 암브로시우스 주교의 미사에 참석했다. 그는 훗날 《고백록[Confessiones]》에서 미사에 참석한 실제 이유를 밝혔는데, 확실한 진리를 배우려는 기대보다는 암브로시우스가 위대한 연설가라는 명성이 사실인지 확인해보고 싶었던 것이 그의 진심이었다. 암브로시우스의 연설은 기대 이상이었다. 그는 설교만이 아니라 구약성서를 플라톤적이며 영적으로 해석하여 숙련된 수사학자 아우구스티누스의 갈채를 받았다. 암브로시우스로 인해 아우구스티누스는 구약성서의 역사에 관해 가졌던 과거의 나쁜 인상과 구약성서에 관한 마

:: 바실리우스

그리스 교부(敎父) 신학자로 수도(修道) 생활의 아버지라고 한다. 저서에 《성령론》이 있다.

:: 필론

그리스어를 사용한 유대 철학자로 헬레니즘적 유대주의를 대표하는 중요한 인물이다. 계시 신앙과 철학적 이성을 종합하려고 한 최초의 인물로 철학사에서 독특한 위치를 차지한다.

:: 플로티노스

이집트에서 태어난 고대 로마 철학자. 신플라톤학파의 대표자로 중세 스콜라 철학과 헤겔 철학에 큰 영향을 미쳤다. 저서에 《엔네아데스 Enneades》가 있다.

아우구스티누스를 다시 그리스도교로
인도한 암브로시우스

니교의 비판에서 벗어날 수 있었다. 그는 이 사건을 계기로 마니교에서 완전히 떠났으며, 처음으로 마음을 열어 성서를 받아들일 수 있었다. 그렇지만 386년 초에 금욕하면서 지혜를 찾는 삶에 대한 갈망과 여전히 단념할 수 없는 성적 욕망 사이에서 아우구스티누스의 내면 갈등은 최고에 달했다.

이 시기에 밀라노에서 아우구스티누스에게 영향을 준 또 다른 그리스도교 지성인은 심플리키아누스Simplicianus였는데, 그는 355년경 당시 원로원의 최고 지위에 있으면서 로마에서 수사학과 철학을 가르쳐 최고 명성을 누리던 빅토리누스Victorinus, ?~304?를 그리스도교로 개종하게 했다. 빅토리누스는 플로티노스와 포르피리오스Porphyrios, 232?~305?의 저작을 라틴어로 번역하고, 아리스토텔레스와 포르피리오스의 논리에 관한 저작도 몇 권 번역했다. 이 번역은 대단히 분명하고 정확해서 이후 몇백 년 동안 교과서 역할을 했다.

심플리키아누스는 아우구스티누스를 수준 높은 교육과 사회적 지위를 갖춘 평신도 모임에 소개했다. 아우구스티누스는 이 모임에서 빅토리누스가 번역한 플로티노스와 포르피리오스를 읽으면서 신플라톤주의를 접했다. 그는 악의 문제나 비물질적인 초월적 세계의 신비적 경험을 기술하는 신플라톤주의의 글을 읽고 크게 충격을 받았다. 아우구스티누스는 신플라톤주의의 영향으로 유물론적 속박에서 벗어나고 비물질적인 존재의 관념을 쉽게 받아들일 수 있게 되었다. 그는 신플라톤주의를 통해서 처음으로 신에 대한 순수한 지적 개념을 존재와 선으로 이해하게 되었다. 또한 악을 적극적인 어떤 것보다는 오히려 결핍된 것으로 보는 플로티노스의 생각은 마니교적인 이원론에 의지하지 않고도 악의 문제에 접근할 수 있는 방법을 보여주었다. 마침내 아우구스티누스는 악의 기원에 대한 문제를 '선의 결핍'으로 해결하게 되었다.

신플라톤주의를 만나다

그럼 여기에서 아우구스티누스의 마음을 결정적으로 사로잡은 신플라톤주의를 살펴보자. 신플라톤주의는 한마디로 '현대화된' 플라톤 철학으로, 아우구스티누스보다 1세기 앞서 플로티노스가 소수의 비밀스러운 종교 집단을 대상으로 가르쳤던 사상이다. 플로티노스의 사상이 널리 알려지게 된 것은 그의 제자이자 편집자, 전기 작가였던 티레의 포르피리오스 덕분이다. 플로티노스가 가르쳤던 곳은 로마였고, 포르피리오스가 생애의 대부분을 보낸 곳은 시칠리아였지만, 두 사람 모두 그리스어로 글을 남겼다. 플로티노스와 포르피리오스는 그리스어를 사용했던 동방은 물론 라틴어를 쓰는 서방에도 큰 영향을 미쳤다. 당시 신플라톤주의는 스토아학파 윤리의 기본 사상과 아리스토텔레스적인 논리를 흡수하면서 고대 후기 세계의 그 어떤 철학도 따라잡을 수 없는 탁월한 철학으로 자리 잡았다.

신플라톤주의자들은 영혼에는 직접적이고도 선천적인 자기 인식 능력이 있다고 보았다. 이것은 영혼이 지닌 자연 능력이며, 영혼이 신적인 빛과 진리를 향해 자기 자신을 개방함으로써 점진적으로 실현하는 능력이다. 이러한 능력이 실현되려면 정신이 변증법적으로 정화되어야만 했다. 고독한 자기 자신의 내면을 바로 보고 외적인 것에서부터 내적인 것으로, 열등한 육체적인 것에서부터 좀 더 우월한 정신적인 것으로 소급해 들어가는 변증법적 사유 운동을 지속함으로써 정신은 육체적 이미지에서 벗어나 플라톤이 말했던 '더할 수 없는 최고의 행복', 즉 지복至福의 영역으로 상승한다는 것이다. 신플라톤주의에 매료되었던 아우구스티누스는 플로티노스를 통해 '플라톤이 부활했다'고 느낄 정도였다.

신플라톤주의는 신을 '빛을 발하는 물질'이라고 보았던 마니교적 관념에서 아우구스티누스를 해방시켰다. 신플라톤주의에서는 신을 절대적이고, 불변의 선善이며 모든 변화를 초월하여 존재하는 사물의 근원으로 보았다. 아우구스티누스는 이런 신 개념을 통해 영원한 진리와 불변의 아름다움을 볼 수 있게 되었다. 그러나 그는 영원한 진리와 불변의 아름다움을 직관直觀하는 최고의 행복을 경험하는 것이 너무 짧은 순간에 그치고 만다는 점에 실망했다. 그를 낙담시킨 것은 그런 경험을 하고 난 뒤에도 이전처럼 다시 자만심과 쾌락에 빠져든다는 사실이었다. 그런데

도 아우구스티누스는 '떨리는 한 순간의 섬광' 속에서 영원불변한 존재를 보았다. 그 존재는 끊임없이 변하는 자신의 정신을 철저하게 초월하는 비물질적인 실재였다. 자기 성찰을 강조하고 외적인 세계에 현혹되지 말고 그것에서부터 해방되라고 하는 신플라톤주의를 통해 아우구스티누스는 더욱더 자신의 문제를 탐구하게 되었다.

그렇지만 아우구스티누스는 가장 지혜로운 사람이고 구원자인 그리스도에 대한 문제를 아직도 해결하지 못했다. 이 때문에 그는 다시 바울의 편지에 몰두했다. 바울의 글을 읽으면서 아우구스티누스는 바울이야말로 현재 자신이 처해 있는 상황을 완전히 이해하는 인물이라고 생각했다. 그는 바울이 플라톤적 종합을 이룬 선생이라는 것을 깨달으면서 이렇게 고백했다.

나는 플라톤 학파 사람들의 작품에서 읽은 참다운 것들이 모두 당신의 은총임을 끊임없이 말하는 것을 발견했습니다.

아우구스티누스는 신플라톤주의에서 말하는 일자一者나 절대자라는 비인격적인 언어를 성서에서 말하는 사랑과 능력, 정의와 용서의 하나님이라는 개념과 일치시켰다. 이제 그는 그리스도인이 되고 신학자의 길을 들어서게 된 것이다.

비록 아우구스티누스가 그리스도

신플라톤주의의 창시자 플로티노스

교로 개종한 뒤 일부 플라톤 전통을 멀리했지만, 자신이 신플라톤주의에 크게 빚지고 있다는 사실을 한 번도 숨기지 않았다. 히포에서 숨을 거둘 무렵에도 그가 남긴 마지막 말은 플로티노스에게서 인용한 것들이었다. 이 시기에 신플라톤주의는 아우구스티누스가 그리스도교의 합리성을 깨달을 수 있도록 하는 중요한 구실을 했다.

아우구스티누스는 신플라톤주의를 만난 뒤에 비로소 이성 또는 신앙을 양자택일로 보지 않고, 신앙과 이성이 서로 보완하여 일치함으로써 전체를 이룬다는 것을 처음으로 인정했다. 훗날 그는 신앙과 이성의 상호 관련성을 이렇게 표현했다.

믿기 위하여 이해하라. 이해하기 위하여 믿어라.
intellege ut credas, crede ut intellegas.

마침내 그리스도인이 되다

아우구스티누스는 386년 7월 말 어머니와 함께 살던 자기 집 정원에서 개종의 결정적인 순간을 맞았다. 당시 그는 천식 때문에 목소리도 거의 내지 못할 정도로 아픈 상태였다. 천식의 고통에 따른 불안이 그가 결정을 내리는 데 어떤 계기가 되었는지 판단하기는 쉽지 않다. 아무튼 이곳에서 아우구스티누스의 유명한 회심(과거의 생활을 뉘우쳐 고치고 신앙에 눈을 뜸)이 일어났다. 이로부터 14년 뒤에 쓴 《고백록》에서 그는 이 장면을 감동적으로 기록했는데, 그 역사성에 대해서는 논란이 있다. 사건은 이렇다. 아우구스티누스가 죄의 문제로 인해 고통스러워하면서 이렇게 울며 부르짖는다.

> "오, 주여, 어느 때까지입니까? 오, 주여, 어느 때까지입니까? 당신께서 영원히 노하시려 하십니까? 나의 이전의 죄악을 기억하지 마소서." 나는 죄악으로 인해 아직도 꽉 묶여 있는 것같이 느껴졌습니다. 그래서 나는 애처로운 목소리로 당신에게 부르짖기를, "언제까지입니까? 언제까지입니까? 내일입니까? 내일입니까? 왜 지금은 아닙니까? 왜 이 순간에 나의 불결함이 끝나지 않습니까?" 라고 한 것입니다. 나는 이렇게 말하고 내가 지은 죄에 대하여 마음으로부터 통회하면서 울고 있었습니다. 그때였습니다. 갑자기 이웃집에서 들려오는 말소리가 있었습니다……
>
> "들고 읽어라, 들고 읽어라(Tolle lege, Tolle lege)."

그는 이 말을 어린이의 놀이라고만 생각하지 않고, 하나님이 자신에게 주신 명령으로 생각했다. 그는 성서를 펴서 첫눈에 들어온 곳을 읽었다. 그의 첫눈에 들어온 구절은 바울 서신의 〈로마서〉 13장 13~14절이었다.

> 호사한 연회와 술 취함, 음행과 방탕, 싸움과 시기에 빠지지 맙시다. 주 예수 그리스도로 옷을 입으십시오. 정욕을 채우려고 육신의 일을 꾀하지 마십시오.

그는 이 구절을 읽은 뒤 바로 확실성의 빛이 그의 마음에 들어와 의심의 모든 어두운 그림자를 몰아냈다고 고백했다. 그리고 마침내 386년 7월 말 결혼과 세속적 야망을 포기하고 세례를 받기로 결심했다.

아우구스티누스의 회심은 몇 개월 동안 고통을 동반하면서 점진적으로 이루어졌다. 그의 회심 내용은 지적인 성질의 회심이라기보다는 오히려 윤리적이었다. 그리스도교로 개종하려는 아우구스티누스의 결심은 같은 시대의 다른 사람들처럼 금욕 생활을 받아들이는 것이었다. 또한 《고백록》의 내용을 고려해볼 때 아우구스티누스는 성적인 욕망을 자신의 영혼과 영원한 비물질적 진리를 가로막는 장애물로 여기고 있었음이 분명했다. 아우구스티누스는 어머니가 참석한 가운데 387년 4월 24일 성토요일 밤에 아들과 친구와 함께 밀라노 대성당에서 암브로시우스 주교에게 세례를 받았다.

아우구스티누스는 세례를 받자마자 타가스테에 있는 부모의 소유지에 수도 공동체를 세우기 위해 아프리카로 돌아가려 어머니와 함께 로마 서쪽에 있는 오스티아 항으로 떠났다. 하지만 387년 11월 13일 어머니 모니카는 오스티아에서 병이 나 아프리카에 도착하기 전에 숨지고 만다. 아우구스티누스는 388년에 아프리카에 도착해, 타가스테에 있는 부모 소유지에 수도 공동체를 세웠다. 그는 모든 재산을 수도 공농체를 설립하는 데 사용했고, 동료들과 함께 3년 동안 그리스도교적 안식을 누리며 살았다.

391년 1월 아우구스티누스는 히포 레기우스에서 사제가 되었다. 히포에서 사제로 있을 때 아우구스티누스는 주교 발레리우스에게 부탁하여 대성당 부근의 정원을 선물로 받아 이곳에 '정원 수도원'을 짓고 수도자들과 함께 살았다. 뒤에 주교가 되어서도 완전히 금욕적인 생활방식을 지속했으며, 교구의 성직자들도 대성당 수도원에서 수도 생활하기를 기대했다.

아우구스티누스는 지브롤터 해협을 건너 북아프리카를 점령한 반달족이 히포를 석 달 동안 포위하고 있던 430년 8월 28일에 숨을 거둔다. 아우구스티누스의 모든 활동, 곧 저작과 신학 논쟁은 사제로서 목회에 그 뿌리를 두고 있다. 사제가 된 뒤 쓴 모든 저작은 학자로서 이론적 체계를 세우기 위한 것이 아니라 실질적으로 목회하는 데 필요해서 썼거나 종종 구체적인 요청을 받고 쓴 작품이다. 이제 더 구체적으로 아우구스티누스 사상을 탐험해보자.

아우구스티누스의
신앙과 이성

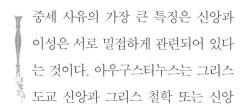

**"이해하기 위해
믿는다"**

중세 사유의 가장 큰 특징은 신앙과 이성은 서로 밀접하게 관련되어 있다는 것이다. 아우구스티누스는 그리스도교 신앙과 그리스 철학 또는 신앙과 이성을 서로 연결시켜 자신만의 독특한 사유의 틀을 확립한 사람이다. 그에게 신앙과 이성은 대립이나 모순 관계가 아니라 오히려 철저하게 서로 보완하는 관계였다. 그는 신앙과 이성의 역할은 서로 도와가면서 하나님의 진리에 대한 완전한 이해에 도달할 수 있도록 하는 것이라고 주장했다.

아우구스티누스의 "이해하기 위해서 믿는다"는 말은 "신앙이 이성에 선행한다"는 의미이며, "신앙을 전제로 이성을 추구한다"는 말이다. 다시 말해 그는 이성의 역할을 부인하는 것이 아니라, 신앙을 진리 파악의 출발점으로 삼았던 것이다.

이러한 아우구스티누스의 사상은 그가 삶에서 만난 다양한 사상이 축적되고 발효되어 나타난 결과였다. 그 가운데서도 그리스 철학, 특히 플라톤 사상과 그리스도교의 성서 전통이 긴밀하게 결합된 것이었다. 아우구스티누스의 사유에서 그리스 철학이 긍정적인 역할을 하게 된 까닭은 무엇일까? 이는 두 가지로 생각할 수 있다. 먼저 그리스도교는 초대교회부터 그리스 철학을 긍정적으로 수용하면서 그리스도교 신학을 형성해왔기 때문에 신앙과 이성의 만남이 낯선 것이 아니었다. 둘째, 아우구스티누스는 그리스도인이 되기 전부터 이미 인문학 교육을 충실하게 받았기 때문에 철학을 포함한 인문학의 장점을 잘 알고 있었다. 무엇보다도 그가 그리스도교로 개종하는 데 플라톤주의가 결정적인 도움을 주었다는 사실도 크게 작용했다.

참된 행복을 추구하다

아우구스티누스 사상에서 신앙과 이성이 어떻게 연결되었는지 살피기 전에 그의 사상의 특징을 짚어보자. 고대 사상가 가운데 어느 누구보다도 많은 저작을 남겼지만, 그는 아리스토텔레스나 아퀴나스, 칸트Immanuel Kant, 1724~1804나 헤겔Georg Wilhelm Friedrich Hegel, 1770~1831처럼 학문적인 조직 체계를 완성한 사람은 아니었다. 이들은 자신의 사상의 근본적인 원리를 전체 사상의 세부적이고 부분적인 요소까지 일관되게 적용해서 모든 저작이 논리적으로 일치하는 거대한 사상 체계를 제시했다.

이와 달리 아우구스티누스는 포괄적이고 논리적인 체계를 제시하지는 않았다. 그의 많은 저작은 특정한 상황에서 필요에 따라 또는 요청에 따라 쓴 것이 대부분이다. 예를 들면 펠라기우스 논쟁을 통해 인간 본성에 관한 글을, 도나투스 논쟁을 통해 교회의 본질에 관한 글을, 로마제국의 쇠퇴에 관한 논쟁을 통해 역사에 관한 글을 썼다. 따라서 그의 저작들은 맥락에 따라 서로 독립되어 있으며, 구체적으로 다루는 문제가 서로 연관성을 갖지는 않는다.

아우구스티누스의 저작들은 다양한 맥락에서 나온 것들이지만 여러 저작에서 지속적으로 발견되는 평생의 관심이 있는데, 그것이 바로 '참된 행복의 추구'이다. 그에게 이 추구는 참된 신앙과 이성의 상호관련성 속에서 전개된다.

그렇다면 아우구스티누스는 서양 종교 사상사에서 중요한 주제인 '신앙과 이성'의 문제에서 어떤 역할을 했을까? '계시된 지식'인 신앙과 '자연 이성에 따른 지식'인 이성이 서로 모순되는 것이 아니라고 생각할 때 제기될 수 있는 질문은 '둘 가운데 더 중요한 것이 무엇인가?' 하는 것이다. 그리스도인은 당연히 계시된 지식이 더 권위를 갖는다고 보고, 이를 둘의 기준이자 출발점으로 여겼다. 아우구스티누스는 이 점을 명확하게 하면서 자연 이성에 입각한 그리스도교적 사유의 기본 방향에 결정적인 영향을 주었다.

아우구스티누스에게 신앙과 이성의 관계는 무엇일까? 그는 《그리스도교 교양 De doctrina Christiana》에서 그리스 철학과 그리스도교가 아무 관련이 없다고 주장하는 테르툴리아누스의 입장을 단

그리스 철학과 그리스도교의 관련성을 말하는 아우구스티누스의
《그리스도교 교양》

호하게 거부한다.

아우구스티누스가 철학에 대해 어떻게 말하는지 살펴보자. 그
는 철학의 주제, 그것도 첫번째 주제가 '하나님과 인간의 영혼에
대한 탐구'라고 말했다. 그가 철학에 관심을 두는 이유는 단순히
이론적 체계를 완성하려는 것이 아니라 하나님과 인간의 영혼에
관한 지식을 얻기 위한 것이지만, 궁극적인 목적은 그 지식을 통
해서 행복을 성취하는 것이었다. 즉 아우구스티누스의 지식 추
구의 목적은 영혼의 안정과 행복을 얻는 것이었다.

아우구스티누스는 실제적이고 실존적인 관심에서 인간의 행
복을 성취하기 위해 신학이나 철학 또는 종교에 접근한 것이다.
따라서 이것들은 분리된 것이 아니라 하나로 묶여 있다. 인간의
행복은 하나님 자체인 진리의 추구에 따라 달성되기 때문에 진
리와 행복은 서로 분리될 수 없다. 이렇게 아우구스티누스의 사
상에서는 신앙과 이성이라는 대립적으로 보이는 요소가 분리되
지 않고 하나의 사유 속에 통일된다.

플라톤을
받아들이다

아우구스티누스의 신앙과 이성의 문제를 보기 위해 먼저 플라톤 철학과 아우구스티누스의 그리스도교 신앙의 만남을 살펴보자.

플라톤의 가르침은 무엇이고, 플라톤의 어떤 주장들이 고대 그리스도교 사상가나 아우구스티누스의 신학에 영향을 주었을까?

플라톤은 역사상 영향력이 가장 큰 사상가라고 할 수 있다. 그리스 아테네 출신으로 소크라테스[Socrates, BC 469~399]의 영향을 많이 받았으며, 최초의 대학이라고 할 수 있는 '아카데메이아'를 세웠다.

현실 세계(현상계)와 이데아의 세계(이데아계)를 구분하여 파악한 플라톤 사상의 특징을 이원론적이라고 한다. 플라톤에게 이데아계는 참으로 존재하는 것인 '이데아' 또는 '진리'가 있는 고상한 세계이다. 이와 달리 현상계는 단순한 사물들로 이루어진 현실 세계이다. 이 사물들은 이데아를 모방한 것에 지나지 않으며 이데아의 그림자일 뿐이다.

그럼 이데아는 무엇일까? 이데아는 원래 '보이는 것', 모양, 모습 또는 물건의 형식이나 종류를 의미하기도 했다. 이데아라는 발상법을 개를 예로 들어 살펴보자. 우리 주변에서 많은 구체적인 개를 볼 수 있다. 진돗개, 풍산개, 그레이하운드, 큰 개, 작은 개, 순둥이, 메리 등 감각을 통해 볼 수 있는 구체적인 하나하나의 개별적인 개를 넘어서서 이런 개들의 가장 이상적인 모습과 특성을 지닌, 눈에 보이지 않는 추상적인 '진정한' 개가 어딘가에 있다고 생각할 수 있다. 이 이상적인 개가 개의 이데아이다. 실제로 존재하여 보고, 만지고, 함께 뒹구는 모든 구체적이고 개별적인 개들은 진짜 개가 아니다. 이것들은 현실 세계와는 구분되는 이데아계에 있는 개의 이데아를 불완전하게 본뜬 모방품일 뿐이다. 이데아는 객관적인 존재로서 현실 세계나 우리 머릿속에 떠오르는 것보다 먼저 존재한다. 이데아는 영원불변하고 단일한 세계를 이루어 끊임없이 변화하는 감각 세계의 사물과는 구별된다. 이렇게 현상계와 구별되는 이데아 세계는 어떻게 볼 수 있을까? 우리가 현실에서 보는 개들을 개라고 할 수 있는 것은 우리의 마음에 이미 개의 이데아를 인식할 수 있는 능력이 있기 때문이며, 이데아는 맨눈이 아니라 영혼의 눈으로 볼 수 있다.

이처럼 진정한 것(참, 이데아)과 모방한 것(거짓, 현실 세계)으로 나뉘는 이중 구조는 정신과 물질의 이원론적 구분에 바탕을 두고 있다. 이것은 정신적인 것일수록 변하지 않으며, 정신적인 것의 최고점에서 절대적이고 확실한 진리, 즉 '최고선'을 만날 수

현실 세계와 이데아 세계를 구분하여 이원론적 세계관을 세운 플라톤과 그가 세운 최초의 대학 아카데메이아

있다는 인식과 연결되어 있다. 이렇게 최고선을 지향하는 고급의 정신 세계와, 그 정신 세계를 모방하고 그것에 만족할 수밖에 없는 저급한 물질 세계로 구성된 플라톤의 세계 이해에서 참된 것은 오직 하나다. 그 참된 것은 개별적인 현상 뒤에 있는 형상의 모체로, 보편적이고 절대적인 성격을 갖는다.

플라톤의 사상은 2세기에 신플라톤주의로 발전한다. 신플라톤주의는 세계가 초월자인 신에게서 유출流出되었다고 주장했다. 신플라톤주의는 모든 존재들을 위계질서가 있는 하나의 커다란 존재의 사슬 구조a chain of beings로 인식할 수 있다고 생각했다. 만물의 본래 근원인 일자一者에서부터 모든 실재가 계층적으로 유출되고, 낮은 계층은 높은 계층을 모방하지만 높은 계층보다 더 불완전하다. 또한 만물은 일자一者로 돌아가려는 특징이 있으며, 인간의 경우도 마찬가지다. 감각적인 것에서 벗어나 일자一者로 가려는 의지는 신과 신비적으로 합일하는 것으로 신플라톤주의에서는 이것을 가장 중요한 과제로 여겼다.

아우구스티누스는 모든 고대 철학자 가운데서 플라톤주의자들이 그리스도교와 가장 가깝다고 생각했다. 그리고 이러한 플라톤의 사유 형식과 내용을 통해 하나님에 대한 이해에서부터 최고의 행복을 누리는 구원의 과정까지 중세 신학의 틀을 제시했다. 그는 그리스도교로 개종한 뒤 하나님 이해, 우주에 대한 견해, 영혼의 본질, 인간의 운명, 선과 악 등의 문제에서 신플라톤주의에 상당히 의존했다.

아우구스티누스는 플라톤의 사상을 어떻게 그리스도교에 접목했을까? 하나님의 존재, 비물질적인 영혼, 선의 결핍으로서 악의 문제를 살펴보자. 먼저 하나님의 존재에 관해 아우구스티누스는 플라톤의 원형적 형상, 즉 '일자–者'를 하나님으로 이해했다. 처음에는 신플라톤주의의 최상의 존재, 일자To Hen, 누스Nous, 정신, 프시케Psyche, 영혼의 3중 구조와 그리스도교의 성부, 성자, 성령과의 유사성에 주목했다. 또한 신플라톤주의에서 하위의 존재들이 일자를 향해 귀환해서 '상승'하고, 일자와 연합하는 상태인 '황홀 상태'가 그리스도교의 '구원'과 하나님과의 '신비적 연합'과 비슷하다고 여겼다.

아우구스티누스가 본 신플라톤주의와 그리스도교의 유사성의 예	
신플라스톤주의	그리스도교
일자–누스–프시케	성부–성자–성령
하위 존재가 일자를 향해 상승(ascent)	인간이 하나님을 향해 나감(구원)
일자와 연합	하나님과의 신비적 연합

또한 신플라톤주의는 비물질적인 실재가 존재하고, 우주에는 단일한 원리가 있으며, 지성적이고 실재하는 질서가 존재한다고 주장했다. 이런 신플라톤주의 영향으로 아우구스티누스의 사상에는 질서와 무질서의 개념들이 반복해서 등장한다. 더 나아가 영혼이 비물질적이라는 신플라톤주의의 견해를 수용하고, 물질에 대한 정신의 우월성을 받아들여 영혼이 육체를 지배하는 역동적 원리라고 이해했다. 영혼을 인격과 동일한 것으로 간주하고 자신의 행동에 자신이 최종 책임을 져야 한다는 아우구스티누스의 도덕 이론도 이런 사상에서 비롯된 것으로, 부분적으로는 신플라톤주의의 영향을 받았다고 할 수 있다.

아우구스티누스는 이렇게 신플라톤주의의 도움을 받아 하나님과 인간이라는 비대칭적인 중세의 하나님 중심의 세계관을 구성한다. 다시 말해 세상의 중심인 하나님은 초월적이고 절대적인 존재이고 인간은 죄인이며 하나님을 떠나서는 아무것도 알 수 없는 존재라는 것이다. 또한 인간의 구원은 감각 세계나 인간의 정신을 넘어서서 영혼을 통해 영원하고 불변하는 실재인 하나님에 대한 지식, 즉 '지혜'를 얻어야만 이룰 수 있다. 영혼이 하나님을 바로 인식할 때 최고의 행복에 이를 수 있다는 뜻이다. 또한 참 존재로서 하나님에 대한 인식은 악이란 존재의 결여나 존재의 타락이며 인간은 본래 악한 존재 즉 죄인이라는 사상으로 발전한다. 아우구스티누스의 이런 생각에서 이데아의 세계와 현실 세계를 구분하고, 내면적인 자기성찰을 강조하는 플라톤주의의 흔적을 발견할 수 있다.

플라톤주의를 넘어서

그렇지만 아우구스티누스가 자신의 사상을 구성할 때 신플라톤주의를 단순히 채용한 것은 아니다. 그는 390년대 중엽에 이르러 신약성서의 바울 서신을 깊이 연구하여 그리스도교 신앙과 신플라톤주의가 긴장관계에 있으며, 둘을 조화시키는 데 문제가 있다는 것을 발견했다.

아우구스티누스의 관심은 무엇보다도 종교적인 것, 즉 하나님에 도달하는 데 있었다. 그는 그리스도교의 근본적인 진리를 추구하는 데 적절하게 적용할 수 있는 견해를 플라톤주의에서 찾았지만 플라톤주의를 그대로 받아들인 것이 아니라 자신의 상황에서 비판적으로 적용했다고 볼 수 있다. 그렇다면 그리스도교 신앙과 관련해서 아우구스티누스 사상과 신플라톤주의와 차이는 무엇인가? 가장 중요한 핵심은 하나님의 자유로운 의지에 따른 '무無에서 창조'와 예수 그리스도의 성육신이다.

첫째, 하나님 이해와 관련해서 아우구스티누스는 플라톤이나 플로티노스와 달리 하나님을 '존재 너머에 있는 일자一者'라고 생각하지 않았다. 그는 일一과 다多에 대한 플라톤적 대립 명제를 초월적 창조주와 다양한 피조물의 관계를 설명하는 것으로 받아들였지만, 한 분인 하나님은 결코 존재 너머에 있는 분이 아니었다. 오히려 아우구스티누스는 성서 〈출애굽기〉 3장 14절을 통해 하나님은 존재 자체ipsum esse라는 사실을 강조했다. 플로티노스의 주장처럼 세계가 초월자인 신에서 유출된 것이 아니라 창조주 하나님이 무無에서 창조했다는 것이다.

플로티노스는 세계가 일자로서의 신에게서 필연적으로 유출되어 만들어진다고 주장하면서 신의 초월성을 강조한 것과 달리 아우구스티누스는 하나님의 초월성을 소중하게 여기면서도 창조에서 하나님의 자유를 강조하고자 했다. 그리스도교의 하나님은 플라톤의 데미우르고스처럼 형상이 없는 제1질료에서 창조한 것이 아니라 질료와 형상을 함께 창조했다고 주장한다. 그는 이렇게 신의 초월성과 자유를 강조하면서 신플라톤주의의 필연적이며 기계론적 유출 개념을 하나님의 자유로운 창조로 대체하면서 그리스도교적 계시 개념을 강조해나간다.

둘째, 예수 그리스도가 인간의 몸으로 이 땅에 태어났다는 교리인 '성육신Incarnation'과 관련해서 차이를 보인다. 아우구스티누스는 〈요한복음〉 서문이야말로 플라톤적인 세계 이해를 정확하게 표현했다고 보았다. 〈요한복음〉 서문은 하나님의 빛이 어둠 가운데 들어와서 소외된 세계를 좀 더 고차원의 영역으로 되돌려놓는다고 말한다. 그러나 그리스도교가 플라톤적 방식으로 진리를 표현한다 하더라도 양자 사이에는 결정적인 차이점이 하나 있다. 한 사람의 삶에 드러난 특별한 계시라는 생각, 즉 나사렛 예수가 그리스도이며 하나님의 아들이라는 주장은 그리스도교만의 독특한 주제이다.

플라톤주의자들은 성육신이라는 주제가 지닌 특수성이야말로 신적인 불변성이나 우주에서 행해지는 보편적인 섭리 작용과는 '양립할 수 없는' 걸림돌이라고 보았다. 그들에게 시간 관념은 직선이 아니라 순환이었다. 시간이 많이 흐르고 나면 별들은 똑같은 위치로 돌아오고, 모든 사물은 동일한 순환을 계속한다고 본 것이다. 따라서 플라톤 철학에서는 단 한 번의 사건으로 성육신을 향해 실존적인 결단을 내릴 때 영원불변의 결과가 나타난다는 생각을 받아들일 수 없었다. 그렇지만 아우구스티누스가 보기에 이런 견해는 지나치게 운명론적이었기 때문에 그리스도교 신앙의 가르침과 일치하거나, 그리스도교의 하나님 이해와는 결합되기 어려운 것이었다.

**참된 지식을
얻기 위하여**

아우구스티누스 사상을 이해하기 위해서 '참된 지식을 어떻게 얻을 수 있을까?' 하는 문제에서 출발하자. 왜냐하면 그는 평생 이성을 소홀히 하지 않고, 인식의 최종 단계인 '하나님 보기'에 이르기까지 지성을 통한 지식의 획득을 목표로 세웠기 때문이다. 그래서 그는 회의주의를 합리적으로 극복할 방법을 찾았다. 또한 그는 지식의 확실성과 '인간이 진리를 인식하는 것이 가능한가?' 라는 문제에 관심을 두었다.

그렇다면 아우구스티누스가 한때 빠져들었던 아카데미아학파의 회의론자들은 무엇이라고 했을까? 그들은 감각에 주어진 것을 신뢰할 수 없다고 주장했다. 예를 들어 나뭇잎은 보는 사람이나 보는 때에 따라 달리 보인다. 사람에 따라 초록색이라고도 하고, 연두색이라거나, 푸르스름하다고 말하는 이들도 있다. 또한 이 말들도 지시하는 의미가 뚜렷하지 않다. 따라서 우리의 감각은 확실하지 않으며 불변의 진리를 줄 수 없다. 그리고 더 나아가 회의주의자들은 추리조차도 믿을 수 없다고 한다. 추리를 믿는다는 것은 이성에 대한 믿음을 전제로 한 것인데 이성에 따른 사고를 믿을 수 없다면, 이성의 사고 규칙인 추리를 어떻게 믿을 수 있느냐는 것이다. 회의주의자들은 이런 식으로 모든 것을 의심하며, 확실한 진리는 없다고 주장한다. 이런 회의주의적 태도는 아우구스티누스가 그리스도교로 개종하기 직전에 극복해야 하는 마지막 장애물이었다.

아우구스티누스는 어떻게 회의주의를 극복하려고 했는가? 그가 참된 지식의 획득에 관해 생각한 것은 두 가지이다. 지식 획득은 가능할까? 우리는 어떻게 지식을 획득할 수 있을까?

아우구스티누스의 이런 논의는 철저하게 실제적이고 실존적인 관심에서 진행된다. 그가 지식을 추구한 목적은 '지식 자체를 얻는 것이 아니라 그 지식을 통해 행복을 소유하기 위한 것'이었다. 참된 지식의 추구는 참된 행복을 경험하기 위해 필수적이었다. 즉 그는 자신의 영혼의 안정과 행복을 위해 지식을 추구한 것이다.

지식의 획득 가능성에 관한 아우구스티누스의 논의는 《아카데미아학파를 반대하여Contra Academicos》에서 시작한다. 그는 실제로 우리가 어떤 진리를 인식할 수 있다고 주장한다. 우리가 의심하려 해도 절대적으로 의심할 수 없는 진리가 있는데 가령 '1+6=7'과 같은 수학적 진리는 의심할 수 없다.

우리 삶 전체가 계속되는 꿈에 지나지 않는다고 하더라도, 또 세계라고 하는 것이 다만 환영에 지나지 않는다고 하더라도 이런 진리는 언제까지나 의심할 수 없는 진리로 남아 있을 것이라고 아우구스티누스는 주장한다.

이제 문제가 되는 것은 수학적 진리와 다르게 외부에 실재하는 존재의 확실성이다. 외부에 존재하는 대상도 확실성을 지니고 있을까? 아우구스티누스는 외부 세계가 존재한다는 것을 조금도 의심하지 않았다. 그렇다면 우리가 감각으로 알고 있는 사물, 즉 외부 대상의 인식에 대해 그는 어떻게 생각했을까? 아우구스티누스는 우리 인식의 대부분이 감각에 의존하며, 감각의 대상과 관련되는 판단에서 착오를 일으킬 수 있다는 것을 알고 있었다. 감각 인식에서 오류의 가능성을 인정한 것이다. 그렇지만 이것 때문에 아우구스티누스가 감각을 신뢰하지 않는 것은 아니었다. 또한 감각의 대상에 대해 착오를 일으킨다는 사실이 회의론의 근거라고 생각하지도 않았다.

다시 말해, 아우구스티누스는 감각 인식의 한계를 알지만, 그것이 지닌 가치와 역할을 부정하지 않고, 감각은 비록 지식은 아니지만 지식과 어떤 관계가 있다고 생각했다. 그리고 감각 세계는 감각 기관에 들어와서 영혼이 활동하도록 일깨우고, 정신이 학문적 인식을 하도록 자극하는 구실을 한다고 여겼다. 그에게 감각은 진리를 알도록 권고하는 진리의 권고자이며, 영원한 세계를 인식하기 위한 발판 같은 것이었다. 또한 감각은 인간이 세상과 접촉하기 위한 기관이었다.

아우구스티누스는 이렇게 감각을 지식과 연결되는 것으로 보고, 영혼이 감각을 주도한다고 여김으로써 영혼과 육체를 모두 인간의 구성 부분으로 인정했다. 또한 사람의 모든 의식 활동과 경험을 정당히 평가해서 감각적인 삶과 생각하는 삶, 영과 육의 분리를 극복하고 전체적인 인격 이해에 도달했다. 그에게서 감각은 객관적인 세상을 알기 위해 필수적인 것이었으며, 그는 감각 능력을 믿었다. 이제 감각은 인간의 인식 활동에서 생각, 깨달음과 함께 나란히 자리 잡음으로써 육체를 아무것도 아니라고 부정적으로 평가한 그리스 철학과는 다른 길을 간다. 아우구스티누스는 그리스도교 신학자로서 하나님에 의해 창조된 존재의 실재성을 부정할 수 없었던 것이다.

**만일 내가 속고
있다면
나는 존재한다**

아우구스티누스가 이런 인식의 확실성 논의에서 먼저 주목한 것은 인식하는 주체였다. 그는 외적 대상의 존재 여부나 그것에 대한 감각 인식의 문제보다 외부 대상을 인식하는 주체에 주목했다. 진리를 인식하기 위해서는 자기가 존재한다는 인식이 선행되어야 한다고 생각했기 때문이다. 아우구스티누스에게 회의주의를 극복하기 위한 사유의 확실성은 '영혼이 자기를 인식하는' 것이었다. 그러므로 그는 사람이 진리를 알려고 한다면 먼저 자신의 내면으로 눈을 돌리며, 자기 확실성에서 출발해서 하나님의 확실성으로 나아가야 한다고 주장했다.

잠시 《독백 Soliloquia》에 나온 이성과의 대화를 들어보자.

|이성| 알기 원한다는 것은 곧 네가 존재한다는 것임을 아는가?

|아우구스티누스| 안다.

|이성| 어떻게 아는가?

|아우구스티누스| 모른다.

|이성| 너는 하나라고 느끼는가, 여럿이라고 느끼는가?

|아우구스티누스| 모른다.

|이성| 네가 움직임을 아는가?

|아우구스티누스| 모른다.

|이성| 네가 생각한다는 것을 아는가?

|아우구스티누스| 안다.

|이성| 그렇다면 네가 생각한다는 것은 진실이다.

|아우구스티누스| 그렇다.

이 대화는 비록 인간이 다른 피조물이나 하나님의 존재를 의심한다고 할지라도 그가 의심한다는 사실 자체는 바로 그가 존재한다는 것임을 보여준다. 그가 우리의 내적 체험, 즉 자기 의식에 따라 자신의 존재를 인식하는 것은 확실하다. 왜냐하면 만일 그가 존재하지 않는다면 그는 의심조차 할 수 없기 때문이다. 여기에서 인간 자신이 존재한다고 생각하도록 속고 있다고 생각할 수 없다. 왜냐하면 내가 존재하지 않는다면 내가 어떤 일에도 속을 수 없기 때문이다. 이렇게 그는 인간은 자신이 존재한다는 것, 자신이 살고 있다는 것 그리고 자신이 인식하고 있다는 것을 확신한다. 그래서 나온 말이 있다.

만일 내가 속고 있다면 나는 존재한다 (Si fallor, sum).

어디서 많이 들어본 말 같지 않은가? 데카르트의 '나는 생각한다, 고로 나는 존재한다(Cogito, ergo sum)'와 같은 맥락이다. 물론 데카르트는 아우구스티누스와 같은 의미로 말한 것이 아니라고 하지만, 분명한 것은 아우구스티누스가 데카르트보다 훨씬 앞서서 회의를 통한 인간 존재의 확실성을 이야기했다는 것이다. 그에게 존재라고 하면 삶과 인식 작용이 함께하는 것이다.

그렇다면 이런 감각 인식은 인식에서 어떤 위치를 차지하고 하나님의 인식과 어떻게 관련될까? 아우구스티누스에 따르면 감각 인식은 인식에서 최저 단계이며, 인간과 동물에게 공통적인 것이다. 인간 특유의 인식의 최고 단계는 감각의 도움 없이 오직 정신에 의해서 이루어지는 영원한 것, 즉 지혜를 경험하는 것이다. 이런 아우구스티누스의 사고방식에서 플라톤적 성격을 발견할 수 있다. 플라톤처럼 그도 감각 대상보다 영원한 비물질적인 실재를 더 중요하게 여기고, 생활에 필요한 실제적인 지식에 별로 관심을 두지 않았다. 그는 관조적인 theoretic 관상觀想을 강조했는데, 이것은 명상이나 묵상 같은 조용히 성찰하는 태도를 말한다. 그는 이런 내면적 성찰을 통해 영혼의 정화를 촉진하고 감각의 속박에서 자유로워질 것을 강조했다.

아우구스티누스는 지식을 획득할 수 있다고 주장하면서 그 가능성을 부정하는 회의주의자들을 비판했다. 그렇지만 여전히 감각적인 지식, 즉 단순한 '지식'보다는 영원하고 변하지 않는 실재에 대한 지식인 '지혜'에 더 관심을 가졌다. 따라서 이 지식을 어떻게 획득하는지가 중요한 문제였다. 여기서 '참된 진리를 인간이 어떻게 얻을 수 있는가?' 하는 문제가 제기된다.

하나님의 조명을 통해 참된 진리를 인식하다

참된 진리를 인간이 어떻게 얻을 수 있는가? 아우구스티누스는 플라톤을 통해 영원한 실재란 창조주 위에 존재하는 것이 아니라 신적 지성 안에 내재하는 영원한 이데아라고 보았다. 이데아는 필연적이고 영원하기 때문에 감각적인 세계나 인간의 정신에 의존하지 않는다고 했다. 그렇다면 인간은 어떻게 이데아를 인식할 수 있을까? 플라톤주의자들은 지식은 영혼이 이전에 머물렀던 세계에 대한 기억으로 이루어진다고 주장했다. 그러나 아우구스티누스는 영혼이 이미 존재한다는 영혼의 선재^{先在}를 받아들일 수 없었기 때문에 다른 대답을 찾는다.

참된 지혜의 인식 가능성에 대한 아우구스티누스의 대답은 인간의 정신에 하나님이 빛을 비춘다는 '조명설^{照明說, theory of illumination}'이다. '조명설'은 태양 빛이 사물들을 우리 눈에 보이게 하듯이 하나님의 빛이 정신을 비추며 정신이 영원한 진리를 볼 수 있다는 것이다. 인간이 아무리 이성적이고 지적이라고 해도 인간 스스로 영원한 진리를 얻을 수 있는 능력은 없다. 오직 하나님에게서 오는 직접적인 조명을 통해서만 그 진리를 받아들이고 알 수 있다는 것이다. 즉 하나님의 빛이 우리 정신을 먼저 비춰주어야 참된 인식을 얻을 수 있다는 것이다.

그렇지만 이것은 이성이 하나님에게 있는 영원한 진리를 본다는 뜻은 아니다. 또한 하나님이 영원한 진리를 인간이 보는 그대로 비추어준다는 뜻도 아니다. 오히려 하나님이 자신 안에 영원히 존재하는 이데아에 대한 지식을 인간 이성 안에 조금 비춰주었다는 것을 의미한다. 이런 측면은 신적 존재의 흔적이 좀 더 낮은 단계에 반영된다는 플로티노스의 유출설에서 영향을 받았다고 할 수 있다.

그렇다면 이런 조명설 속에 이성의 역할은 수동적일까? 이데아란 하나님 안에 존재하는 것으로 인간 영혼이 만들어내는 것이 아니라는 점에서는 어느 정도 수동적이지만 하나님의 조명 뒤 인간의 주체적인 활동의 결과로 인식이 이루어진다는 점에서 능동적인 측면을 인정할 수 있다. 이것은 진리 인식에서 수동성과 능동성을 모두 긍정하는 것이다.

지금까지의 이야기를 대화로 들어보자.

|학생| 지식 획득은 가능합니까?

|아우구스티누스| 그렇다.

|학생| 그렇다면 우리는 어떻게 지식을 획득할 수 있을까요?

|아우구스티누스| 감각 인식을 통해 지식을 얻을 수 있다.

|학생| 그런 지식으로 충분합니까?

|아우구스티누스| 아니다. 감각으로 얻는 지식은 인식의 최저 단계이고, 더 높은 단계의 지식이 있다.

|학생| 그것이 무엇입니까?

|아우구스티누스| 영원한 실재에 대한 지식으로 '참된 지식'이다.

|학생| 왜 그것을 얻어야 합니까?

|아우구스티누스| 참된 지식을 얻어야만 우리 영혼이 안정을 얻고 행복해지기 때문이다.

|학생| 그렇다면 참된 지식을 어떻게 얻을 수 있습니까?

|아우구스티누스| 묵상과 같은 내면적 성찰로 영혼이 인식할 수 있다.

|학생| 어떻게 그것이 가능합니까?

|아우구스티누스| 하나님이 인간의 정신에 빛을 비춰주기 때문이다.

|학생| 조명설, 너무 어렵습니다.

|아우구스티누스| 사물을 어떻게 보는가?

|학생| 빛이 사물을 비출 때 눈에 보입니다.

|아우구스티누스| 마찬가지로 하나님이 인간 정신에 빛을 비춰줘서

참된 지식을 얻을 수 있다.

|학생| 그렇다면 하나님 없이 우리 스스로는 영원한 진리를 얻을 수 없나요?

|아우구스티누스| 없다. 진리는 오직 위에서만 내려온다.

|학생| 하나님이 진리를 있는 그대로 다 보여주나요?

|아우구스티누스| 아니다. 조금만 보여준다. 하나님과 인간은 구별된다.

|학생| 진리 인식에서 우리의 정신은 수동적으로 아무런 역할도 하지 않나요?

|아우구스티누스| 아니다. 하나님이 빛을 비추어준 뒤에 인간의 이성은 주체적 역할을 한다.

아우구스티누스의 조명설은 '하나님과 계속 접촉'하면서 진리가 인식된다는 것을 말한다. 진리 인식은 인간이 보는 것과 하나님이 보여주는 것이 함께 하는 것이다. 이것은 인간과 하나님이라는 두 인격이 만나는 것이다. 이렇게 진리 인식을 두 인격의 만남으로 해석하는 것은 그리스 사상에서 볼 수 없는 그리스도교만의 사상이다. 플라톤에서 진리에 대한 참여는 아우구스티누스에서 인격적 만남이 된 것이다. 아우구스티누스에게 인격적 만남은 이성만이 아닌 인격의 총체적 참여를 요구한다. 그래서 진리 인식의 문제는 인간 의지의 문제가 되고, 하나님의 사랑의 문제가 된다. 이렇게 아우구스티누스에게 진리 인식의 문제는 신앙과 연결된다.

**이성에 선행하는
신앙, 신앙을
전제로 한 이성**

아우구스티누스에게 진리 인식은 하나님과 인격적으로 만남으로써 이루어진다. 따라서 이성에 따른 진리의 깨달음은 하나님을 온전히 받아들이는 신앙으로만 완전히 이루어질 수 있다. 신앙을 통해서 하나님을 인격적으로 아는 참된 이해로 높여가며, 이 탐구가 도달하는 곳이 결국 인간 최고의 행복이며 지혜이다. 그래서 아우구스티누스는 신앙으로 먼저 받아들이고 나면 완전한 이해에 도달할 수 있다고 말한다. 그가 말한 "알기 위해 믿는다"는 이런 맥락에서 나온 것이다. 이 말은 믿음을 수단으로 하고 앎을 목적으로 한다는 의미가 아니다. 실제 의미하는 것은 믿음에서 출발해서 이것을 토대로 앎을 추구한다는 것이다.

아우구스티누스의 이야기를 들어보자.

> 우리는 믿기 때문에 알았습니다. 알기 때문에 믿은 것이 아니라 믿기 때문에 알았습니다. 분명히 우리는 알기 위해서 믿었습니다. 반대로 우리가 먼저 알고 나중에 믿으려고 했다면 우리는 알지도 못하고 믿지도 못했을 것입니다.

아우구스티누스의 이런 태도는 신앙이 이성보다 우월하다는 뜻이라기보다는 신앙이 이성에 선행한다는 것이다. 그는 우리가 믿는 것은 이성을 받지 않기 위해서라든가 또는 이성을 구하지 않기 위해서가 아니라고 말한다. 왜냐하면 이성적인 마음이 없다면 믿을 수 없기 때문이다. 이성은 신앙을 부정하기 위한 것이

히포에서 가르치는 아우구스티누스

아니고, 오히려 신앙으로 얻은 것의 확실성을 이성의 빛으로 인식하기 위해 있는 것이다. 이렇게 신앙을 통해 믿게 된 것을 이성의 작용에 따라서 더욱더 분명하게 이해하는 것이다. 아우구스티누스의 신앙과 이성의 관계는 신앙이 이성에 선행하는 것이며, 신앙을 전제로 이성을 추구하는 것이다. 한마디로 '신앙 우선주의'라고 할 수 있다.

아우구스티누스의 이런 신앙과 이성의 관계는 이후 중세 사상가들의 생각과는 전혀 다른 것이었다. 중세 신학자들이 이해를 통해서 알려던 신앙의 명제는 이른바 '자연 신학'의 문제였지 계시의 문제는 아니었기 때문이다. 그들의 목표는 특수 계시인 그리스도에 의지하지 않은 채 철학적 논증을 통해 확증할 수 있는 것을 찾는 일이었다. 아우구스티누스는 먼저 하나님의 영성적 체험을 문제로 삼았다. 신앙과 이성은 하나의 유기적 통일을 이루고 있다는 체험 속에서 저마다 수행할 역할이 있다. 이런 의미에서 아우구스티누스의 행복 추구를 위한 신앙과 이성의 연결은 단순히 학문적이고 이론적인 논의로 끝나지 않고, 좀 더 실천적이고 종교적인 맥락에서 이해해야 한다. 그의 사유는 이론적 결론을 향한 사변적 논증이 아니라 근본적으로 종교적이고 영성적인 것이다.

이제 아우구스티누스의 신앙과 이성의 의미에 대해 사상사적 맥락에서 살펴보자. 먼저 그는 고대 철학처럼 초월적 진리에서 출발하지 않았다. 오히려 그는 후대 데카르트가 했던 것처럼 의식에 주어져 있는 직접적이고 분명한 사실, 즉 자기 존재와 의식의 확실함에서부터 영원한 진리의 탐구로 나아가는 순서를 제시했다. 데카르트보다 훨씬 이전에 의식이 존재한다는 사실의 확실성을 밝힌 것은 서구 사상사에서 중요한 업적이다. 그는 내면성의 원리에 따라 영혼의 자기 인식을 사유의 출발점으로 삼고 자기 존재의 확실함이라는, 플라톤이 몰랐던 새로운 인식의 기초를 마련했던 것이다.

아우구스티누스의
신학 사상

서구의 모든 철학이 플라톤의 각주라 한다면 서구 그리스도교 신학은 아우구스티누스에 대한 각주라고 할 수 있다. 아우구스티누스의 신학 사상은 히포에서 사제로 활동하던 40여 년 동안 몇 번의 신학 논쟁을 통해 점진적으로 구체화된다. 예를 들면 도나투스주의자들과의 논쟁에서 교회론과 성례전론이, 펠라기우스와의 논쟁을 통해 인간론, 은총론, 예정론, 구원론과 같은 신학 주제가 더욱 구체화된다. 그는 고대와 중세에 걸쳐 누구도 비교할 수 없을 정도의 많은 저작을 남겼다. 그 가운데서 그리스도교 신앙의 핵심 주제인 하나님, 예수 그리스도, 인간, 창조, 은총 등에 대한 그의 견해를 살펴보자.

하나님과 인간

'신' 관념은 서구의 모든 종교 교리나 종교 상징에서 가장 주요한 주제다. 그리스도교에서도 하나님은 궁극적 실재Ultimate Reality이며 궁극적인 선Goodness이 통일된 존재로 그리스도교 신앙의 중심 대상이다. 그리스도인은 '하나님'이 하나의one, 가장 높은, 거룩한 존재이며 영원하고, 초월적이고, 무한하고, 완전하다고 믿어왔다. 또한 하나님을 전체 우주를 창조하고, 통치하고, 완성하고, 구원하는 인격적 존재로 고백한다. 그런데 오늘날에는 많은 사람들이 하나님의 존재나 하나님에 대한 논의 자체에 심각하게 의문을 품고, 전통적인 '하나님' 이해에 대해 도전하는 비판적 물음들을 지속적으로 제기한다.

· 하나님은 존재하는가?
· 우리는 하나님의 존재를 경험하고, 알고, 말할 수 있는가?
· 그런 경험은 시험 가능한 것이고, 그런 지식은 입증 가능한 것이고, 그런 진술은 의미 있는 것인가?

하지만 그리스도교가 시대 정신이었던 중세는 지금과 달랐다. 중세 사람들은 하나님의 존재를 의심하지 않았다. 하나님을 당연한 존재로 여기고, 그를 경험하고 알고 말하는 것은 아주 자연스러운 일이었다. 아우구스티누스도 예외는 아니었다. 오히려 하나님이 중심에 있는 세계관을 체계화하는 데 결정적인 역할을 한 사람이 바로 그다.

아우구스티누스에게 평생의 가장 중요한 관심사는 하나님과 인간이었다.

> 나는 하나님과 인간의 영혼에 대해 알고 싶다. 그 외 다른 것은 없다. 정말 없다. 《독백》1.2.7.

하나님과 인간이 왜 함께 언급되고 있는가? 그것은 인간이 '하나님의 형상image of God'에 따라 만들어졌기 때문이다. 그래서 비록 하나님과 인간은 구별되지만, 이 둘은 서로 분리될 수 없었다. "주님, 당신은 저를 위해 어떤 분이십니까? 그리고 저는 당신을 위해 어떤 존재입니까?"라는 《고백록》의 물음 역시 하나님과 인간이 그의 주 관심사라는 것을 보여준다.

아우구스티누스는 인간이 하나님의 형상에 따라 만들어졌기 때문에 하나님과 가까이 할 수 있는 능력이 있다고 했다. 하나님의 형상을 지닌 인간은 오로지 불변의 선善인 하나님께 결합함으로써 행복에 이를 수 있으며, 하나님만이 이를 충족시킬 수 있다는 것이다. 이 때문에 아우구스티누스는 하나님께, "당신을 위해 우리를 만드셨기에 당신 안에 쉬기까지 우리 마음에 안식이 없습니다"《고백록》1.1.1)라고 고백한다.

아우구스티누스는 자신의 원형인 하나님을 찾는 인간의 정신적 여정을 자주 언급했다. 이 여정은 항상 외적인 것에서 내적인 것으로, 아래에서 위로 향하고 있다. 일반적으로 말하면 변하는 것에서 불변하는 것으로 향하고 있는데(《고백록》7.10.16), 세 가지 기본 단계로 이루어진다.

나는 하나님의 존재와 인간의 영혼에 대해 알고 싶다. 나의 관심은 오직 그것뿐이다.

① 가시적인 세상에 물어보라.
② 자기 자신에게 돌아오라.
③ 자기 자신을 초월하라.

인간은 하나님을 찾기 위해 먼저 자기 자신을 알아야 한다. 인간은 자신이 실존하고, 생각하고, 사랑하는 존재임을 깨닫게 될 때 자기 자신을 알게 된다. 이렇게 인간은 '존재와 진리, 사랑'이라는 세 가지 길을 통해 하나님께 올라갈 수 있다. 아우구스티누스는 회의주의에서 벗어나기 위해 자아 의식과 자아 의지를 행사하는 가장 확실한 진리에서부터 출발하기를 좋아하면서 '자기 자신에게 돌아오라'는 둘째 길을 자주 이용했다. 이제 하나님에 대한 그의 이야기를 들어보자.

창조주 하나님과 '무(無)에서의 창조'

그리스도교에서 하나님은 세계를 만든 창조주이다. 그리스도인들은 하나님이 존재하는 모든 것을 아무것도 없는 상태, 즉 '무(無)에서' 세계를 창조했다고 믿는다. 이런 창조를 일반적으로 '무無에서의 창조creatio ex nihilo'라고 한다. 이것을 처음 주장한 사람이 바로 아우구스티누스다.

세계를 아무것도 없는 상태에서 창조했다는 '무無에서의 창조'는 두 가지 사실을 함축하고 있다. 하나는 하나님이 자신의 본성 일부분을 떼어서 세계를 창조한 것이 아니라는 사실이다. 다른 하나는 하나님이 이미 존재하는 물질을 사용해서 세계를 만든 것도 아니라는 것이다. '무無에서의 창조'가 강조하는 것은 하나님의 세계 창조에는 이미 존재하는 '질료'나 어떤 매개물도 필요하지 않다는 것이다.

아우구스티누스가 '무無에서의 창조'를 말한 것은 두 가지를 의도한 때문으로 보인다. 하나는 그리스도교의 창조론을 당시의 다른 창조론과 구별하려는 것이다. '무無에서의 창조'는 플라톤의 《티마이오스Timaios》에 나오는 창조론과 다르다. 플라톤의 창조론은 창조신 데미우르고스가 영원 전부터 존재해온 형태가 없는 물질, 즉 형상이 없는 제1질료를 가지고 세계를 만든다. 그런데 '무無에서의 창조'에서는 물질 그 자체도 하나님이 무無에서 만든 것이다. 또한 시간 속에서 세계가 창조되었다는 기존의 견해와도 다르다. 아우구스티누스는 시간이 창조와 동시에 만들어졌다고 주장한다. 즉 시간도 창조의 산물이다.

둘째, 하나님과 창조된 세계의 차별성이다. 하나님이 세계를 자신의 본질을 가지고 창조했다면, 창조된 세계도 하나님의 본질인 신성神性을 지녔을 것이다. 이것은 진정한 의미에서 창조된 세계라고 할 수 없다. 왜냐하면 하나님에 의해 만들어진 세계를

라틴 성서(1311)에 실린 6일간의 창조를 나
타낸 그림

하나님과 동격으로 생각할 수 있기 때문이다. 이것은 세계가 신
에게서 흘러나왔다고 주장하는 플로티노스의 유출설流出說과도
다른 것이다.

	그리스도교 창조론	그리스-로마 전통 창조론
창조	하나님이 무(無)에서 창조했다.	데미우르고스가 선재하는 물질로 창조했다(플라톤).
세계	세계는 하나님의 본성으로부터 창조된 것이 아니다.	세계가 신에게서 흘러나왔다 (플로티노스의 유출설).
시간	창조와 더불어 시간이 만들어 졌다.	시간 속에서 세계가 창조되었다.

　아우구스티누스의 '무無에서의 창조'가 성서에 근거하고 있느
냐에 대한 논란이 있지만, 이것은 기독교 신학의 가장 특징적인
교리 가운데 하나라고 할 수 있다.

**아우구스티누스의
삼위일체론**

하나님에 대한 또 다른 그리스도교적 특징은 삼위일체론Trinity이다. 그리스도교는 초대교회를 통해 삼위일체론이라는 신학 교리 형성했다. 성부聖父 하나님과, 성자聖子 예수 그리스도, 성령聖靈이 구별되지만 하나라는 주장이다. 삼위일체론의 문제는 역사적 인물인 나사렛 예수가 바로 하나님의 아들이며 하나님과 동격이라는 것과, 예수가 자신을 대신해서 이 세상에서 활동한다고 말한 성령이 하나님이나 예수와 어떤 관계인가 하는 질문에서 출발한다. 그런데 그 당시부터 성부와 성자, 성령의 본질이 완전히 동일한 것인지 아닌지에 대해 의견이 분분했다. 달리 말해 삼위三位가 모두 동급인가, 아니면 성자나 성령이 성부보다 좀 부족하거나 열등한 것인가에 대해 여러 견해가 있었다.

첫 마당에서 밝혔듯이 초대 그리스도교 신학의 중심지였던 알

아우구스티누스가 말하는 삼위일체에는 삼위의 본성이 동일하게 하나라는 절대적 단일성과 삼위가 서로 관련을 가지면서 각각 구별되게 존재한다는 다원성이 함께 모순 없이 존재한다.
성부의 품에 성령과 성자가 안겨 있는 모습

렉산드리아나 안티오키아, 카르타고는 신학적·문화적 배경에 따라 약간씩 다른 태도를 취했다. 초대교회가 삼위일체에 대한 정통 교리를 형성하는 과정에서 가장 반대했던 견해가 종속주의였다. 종속주의는 성자와 성령을 성부보다 낮은 것으로 취급한다. 삼위일체론 논쟁은 성부와 성자와 성령이 비록 다른 위격位格, person이지만 완전히 똑같은 본질을 갖는다는 결론을 정통 교리로 도출했다. 이런 역사적 논쟁의 맥락에서 아우구스티누스는《삼위일체론》에서 자신의 의견을 제시한다.

그의 의견을 요약하면 이렇다. 첫째, 삼위일체에는 삼위의 본성이 동일하게 하나라는 절대적 단일성과 삼위가 서로 관련을 가지면서 각각 구별되게 존재한다는 다원성이 함께 모순 없이 존재한다. 어떻게 단일한가? 삼위의 본질이 완벽하게 동일하기에 삼위의 속성은 통일성을 갖는다. 이런 의미에서 삼위는 절대적으로 단일하다. 그렇다면 어떻게 다원성을 갖는가? 세 위격은 하나의 신성 안에 있어 본질이 동일하지만 동시에 각자가 서로 맺는 관계에 의해 구별된다. 예를 들면 성부는 성자를 낳고, 성령은 성부와 성자 모두에 의해 주어지는 관계이다.

둘째, 성령은 성부와 성자 모두의 영spirit이다. 이 견해는 성령의 '이중 출원double procession*'을 강조한 것이다. 원래 '성령이 어디에서 나왔는지'에 대한 가장 권위 있는 문서는 325년에 만들어진 니케아 신조였다. 니

∷ 성령의 '이중 출원'

성령이 성부와 성자 모두에게서 나왔다는 주장. 성령이 오직 성부에게서만 나온다는 동방교회와 달리 서방교회는 '아들로부터'라는 단어를 삽입하여 성령이 성부와 성자 모두에게서 나온다고 고백했다. 이것은 동방교회와 서방교회 분열의 한 원인이 된다.

성령이 성부와 성자로부터 나오는 것을 묘사한 그림

케아 신조는 동방교회와 서방교회가 모두 동의한 문서로 성령을 '성부에게서 나오는 존재'로 언급한다. 그러나 9세기까지 서방교회는 일상적으로 이 구절을 변경해서 성령을 '성부와 성자에게서 나오는 존재'라고 했다. 다시 말해 '그리고 아들로부터'라는 의미를 지닌 라틴어 필리오케 filioque가 추가된 것이 서방교회의 규범이 된 것이다.

아우구스티누스는 성부와 성자는 모든 것을 공유하기 때문에 성령 역시 성부와 성자 모두에게서 나온다고 믿었다. 물론 그는 성부가 성령의 최초의 근원이며, 그 근원으로부터 성자가 능력을 받아 성령을 주었다고 한다. 성령이 아버지와 아들에게서 나왔다는 아우구스티누스의 주장은 서방교회에 많은 영향을 미치게 된다. 동방교회는 이런 '이중 출원'에 대해 비판하게 되며, 결국 1054년에 동방교회와 서방교회가 분열하는 빌미로도 작용했다.

아우구스티누스의 삼위일체론에서 가장 독특한 요소는 성령의 위격과 위상에 관한 것이다. 그는 성령을 '사랑'으로 이해했다. 성령은 우리가 하나님 안에, 하나님이 우리 안에 살게 한다. 사랑만이 둘을 하나로 묶어주는데, 성령이 바로 우리를 하나님과 묶는 사랑이신 하나님이다.

아우구스티누스가 말하는 삼위일체와 사랑으로서의 성령은

삼위일체의 하나님

아우구스티누스 작품 가운데《삼위일체론》은 신학적 주제를 가장 깊이 포괄적으로 다룬 것이다. 이 책은 향후 서방 신학 전통에 큰 영향을 준다.《고백록》을 완성할 즈음 아우구스티누스는 두 가지 다른 주제를 다루고 있었다. 그것은 〈창세기〉 1~3장에 대한 주석과 삼위일체 교리였다. 한동안 도나투스주의자들과 교회의 본질, 교회와 국가의 관계, 성례전에 관한 논쟁으로 시간을 보낸 뒤 아우구스티누스는《삼위일체론》을 14년(399~412)에 걸쳐 12권으로 출판했다.

《삼위일체론》은 아우구스티누스가 푸아티에의 힐라리우스(Hilarius, 315~367)가 쓴《삼위일체론》에 깊은 인상을 받아 쓴 것으로, 이 책을 쓰기 전에 할 수 있는 한 삼위일체에 관해 이전에 쓰인 모든 책을 읽었다고 한다. 그의 사상이 신플라톤주의와 연관되어 있다는 사실은 이 책을 통해 더 뚜렷하게 드러난다.

《삼위일체론》은 크게 전반부와 후반부로 나눌 수 있다. 먼저 1~7권까지는 성서에 나타난 삼위일체 사상을 검토하고, 정통 교회와 신학자들이 삼위일체 교리를 전승해온 것을 확인한다. 또한 삼위일체 사상을 개괄하면서 교회의 전통을 재검토한다. 후반부에서는 심리학에서 빌려온 일련의 유비를 가지고 '하나이면서 셋'을 이해할 수 있는 가능성을 모색한다. 즉 전반부는 삼위일체에 관한 성서와 기존의 신학적 논의를 검토하는 데 중점을 두었으며, 후반부는 이 주제에 대한 아우구스티누스 자신의 주장을 전개한 것이다.

어떤 관계인가? 그는 사랑이 세 가지를 암시하며, 실제로 사랑 안에 삼위일체의 흔적이 있다고 주장한다. 사랑은 어떤 사람을 사랑하는 것이고 또 사랑으로 인해 어떤 사람이 사랑을 받는다. 여기에 사랑하는 사람과 사랑받는 사람, 사랑 세 가지가 있게 된다. 사랑이라는 것은 두 가지, 즉 사랑하는 주체와 사랑받는 객체와 이 둘을 연합하거나 연합하려고 노력하는 사랑을 살펴보면 잘 드러난다. 사랑하는 성부, 사랑받는 성자 그리고 그 사이를 연결하는 사랑의 성령이 바로 삼위일체의 구조이다.

성령이 하나님과 그리스도인들을 연결하는 끈이듯 성령은 삼위일체 안에서 성부와 성자를 하나로 묶어주는 접착제와 같은 역할을 담당한다. 이렇게 사랑으로서 성령과, 성령으로 '하나님께 묶임'이라는 개념은 아우구스티누스의 삼위일체 논의에서 중요한 위치를 차지한다.

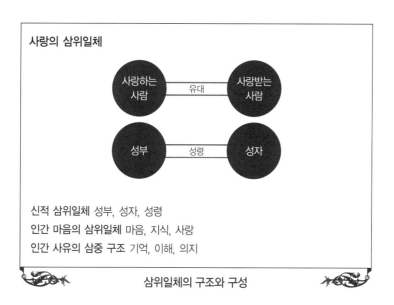

사랑의 삼위일체

신적 삼위일체 성부, 성자, 성령
인간 마음의 삼위일체 마음, 지식, 사랑
인간 사유의 삼중 구조 기억, 이해, 의지

삼위일체의 구조와 구성

삼위일체에 대한 아우구스티누스의 논의 가운데 또 다른 독특한 특징은 삼위일체론을 '심리학적 유비^{Analogies}'를 통해 이해하는 점이다.

논지는 이렇다. 아우구스티누스는 사람의 중심 자리는 영혼이며, 오직 영혼을 통해서만 사람이 하나님과 만나는 것이 가능하기 때문에 영혼의 내적 활동에서 삼위일체의 형상이 발견된다고 주장한다. 하나님은 세계를 창조하면서 자신의 독특한 흔적을 남겨놓았을 것이라고 기대할 수 있다. 하나님은 그런 흔적을 창조의 정점인 인간에 새겨놓았을 것이다. 따라서 하나님의 흔적 또는 형상을 찾기 위해서는 인간을 살펴보아야 한다. 그가 이런 주장을 할 수 있었던 것은 신플라톤주의 영향 아래서 인간 정신을 인간됨의 정점으로 간주했기 때문이다.

아우구스티누스가 말하는 인간에게 있는 삼위일체의 흔적은 마음^{Mens}과 지식^{notitia}, 사랑^{amor}이다. 즉 마음과 그 마음 자체를 아는 지식, 그리고 그 마음 자체를 사랑하며 또 그 자체의 지식을 사랑하는 사랑, 이 세 가지는 하나이고 다 같으며 나눌 수 없는 고유한 특성이 있다. 이 세 가지는 어느 하나가 다른 것보다 더 중요하거나 덜 중요한 것이 아니라 똑같이 중요하다. 마음과 지식과 사랑이 바로 인간에게 있는 삼위일체의 흔적이다. 아우구스티누스는 그 밖에도 인간의 사유 역시 기억^{memoria} 이해^{intelligentia}, 의지^{voluntas}라는 삼중 구조로 이루어져 있다고 주장했다.

예수 그리스도와 구원

그리스도교가 유대교나 이슬람교 같은 셈족 계통의 유일신 종교와 비교할 때 가장 큰 차이는 '예수 그리스도'라는 존재다. 그리스도인들은 '예수 그리스도'가 바로 하나님의 아들이며, 세상의 구원자라고 고백한다. 우리가 고유명사처럼 사용하는 '예수 그리스도'는 사실 '예수'와 '그리스도'라는 두 가지 단어가 결합한 것이다. '예수'는 2천 년 전 팔레스타인의 베들레헴에서 나고 나사렛에서 자라 33세에 십자가에서 죽은 '나사렛 출신 예수'라는 '역사적' 인물을 지칭한다. '그리스도'는 히브리어 '메시아'를 그리스어로 옮긴 것이다. 메시아는 '기름 부음'을 받은 사람'이라는 뜻으로 하나님의 선택을 받은 사람을 가리킨다. 따라서 '예수 그리스도'는 '역사적 인물인 나사렛 예수가 바로 하나님으로부터 기름 부음을 받은 선택된 사람이다'라는 의미를 함축한다. 그리스도인들이 예수 그리스도라고 말할 때 나사렛 예수가 바로 '하나님의 아들이며, 하나님과 같은 존재로 바로 그분이 온 세계의 구원자'라는 고백을 담고 있다.

아우구스티누스는 예수 그리스도를 어떻게 파악했을까? 그는 예수 그리스도가 참 신이며 참 인간이라는 이미 정형화된 가르침을 받아들여, 그리스도의 역할이나 기능에 대해 더욱 체계적인 신학적 견해를 제시했다. 그는 그리스도를 중재자,

:: 기름 부음

사람의 머리나 몸 혹은 물체 위에 기름을 바르거나 붓는 것으로 세속적·종교적 의미를 내포하고 있다.
성서시대에 이스라엘 전역에서 행한 종교적 행위다.

구원자, 사제이면서 제물이라는 세 가지 측면에서 설명한다.

첫째, 그리스도는 하나님이며 동시에 인간이기 때문에 하나님과 인간을 잇는 중재자가 될 수 있다. 하나님과 인간 사이에서 진정한 중재를 이루기 위해서는 서로 연결시켜야 할 양쪽의 속성을 동시에 지녀야 한다. 하나님이면서 동시에 인간인, 즉 '신-인神-人' 그리스도는 모든 사람을 위한 구원의 중재자가 된다.

둘째, 그리스도는 하나님과 인간을 잇는 중재자 구원자다. 그리스도가 사람이 되어 이 세상에 온 첫째 목적은 인류를 구원하기 위해서다. 아우구스티누스는 구원에 있어서 그리스도의 필요성과 구원의 보편성을 주장한다. 그리스도 없이는 아무도 구원받을 수 없으며, 그리스도께서 모든 사람을 위해 죽었기 때문에 어느 누구도 구원에서 제외되지 않는다.

셋째, 그리스도는 비록 모든 사람들 앞에서 기름을 부음받은 것은 아니지만, 인간의 몸으로 성육신될 때 눈에 보이지 않는 신비로운 기름 부음받은 사제priest이다. 또한 사제이면서 동시에 인류를 구원하기 위해서 사람들의 죄를 대신해서 하나님께 드린 희생 제물祭物이다.

은총과 인간의 자유의지

이제 아우구스티누스가 생각한 은총이란 무엇인지 알아보자. 흔히 아우구스티누스를 '은총의 스승doctor of grace'이라고 한다. 그는 바울 사상을 토대로 은총을 강조하면서 서방교회의 율법주의적 신앙의 경향을 극복하고자 했다. 다른 서방 지역 교회처럼 아우구스티누스 당시 북아프리카에 있던 교회들도 신앙적으로 '도덕적 · 율법주의적 · 엄격주의적' 경향을 보였다. 이런 경향은 두 가지 원인에서 비롯되었다. 먼저 이 지역에서 그리스도교에 가해진 오랜 박해와 그리스도교 내부의 이단과의 투쟁 때문이었다. 다른 하나는 공평과 정의를 특징으로 하는 로마의 법 사상 때문이었다.

이런 상황에서 아우구스티누스는 인간의 원죄를 강조함으로써 동방교회의 낙관적인 인간론을 뒤집었다. 그는 원죄와 자유의지에 관련해서 두 번에 걸쳐 논쟁에 참여했다. 하나는 391년부터 399년까지 마니교와 가졌던 논쟁이며, 다른 하나는 412년부터 430년까지 18년 동안 진행된 펠라기우스주의와의 논쟁이다. 이 두 논쟁을 통해 나타난 아우구스티누스의 원죄와 자유의지, 은총에 대한 견해는 때로 상반된 것처럼 보인다. 마니교와의 논쟁에서는 인간의 자유의지를 강조했고, 펠라기우스주의와의 논쟁에서는 원죄와 은총을 강조했기 때문이다. 이 문제에 대한 아우구스티누스의 견해가 복합적이고 때로는 서로 모순되는 것처럼 보이는 점들이 많기 때문에 후대에 다양한 해석들이 제기된다.

아우구스티누스의 은총에 관한 논의를 제대로 이해하기 위해서는 마니교와 펠라기우스주의를 논박했던 각각의 시대적 배경과 논점을 구별할 필요가 있다. 그의 견해는 철저하게 논쟁의 맥락 속에서 이해해야 할 것이다. 앞에서 설명했듯이 마니교는 배타적 이원론에 기반을 두고 구원받을 이들과 구원받지 못할 이들이 숙명적으로 결정되어 있다고 가르쳤다. 아우구스티누스는 이에 대항하여 인간의 자유의지를 강조했다. 반면 펠라기우스주

운명론 강조	↔	자유의지 강조		
마니교		아우구스티누스		펠라기우스주의
		원죄와 은총 강조	↔	자유의지 강조

의자들은 인간의 자유의지를 지나치게 강조한 나머지 하나님의 은총을 소홀히 했기 때문에 그는 원죄와 은총을 강조했다. 아우구스티누스의 은총과 자유의지에 대한 견해는 극단적인 운명론을 주장하는 마니교와 극단적인 자유의지를 주장하는 펠라기우스주의 사이에서 둘의 상반된 주장들을 논박하고 균형을 잡으려는 노력의 산물이었다. 그의 이야기를 좀 더 해보자.

그리스도교에서 인간은 하나님의 형상the image of God을 따라 만들어졌다고 고백한다. 아우구스티누스는 하나님의 형상대로 창조된 인간의 위대함에 감탄하면서 인간의 신비, 본성, 영성, 자유를 탐구했다. 인간의 신비를 밝혀주고 그 위대함을 드러내는 근본 요인은 인간이 하나님의 형상에 따라 창조되었다는 사실이다. 이 하나님의 형상은 내적 인간, 곧 정신의 특성이며 영원히 죽지 않는 영혼의 본성 안에 깊이 새겨져 있다고 강조했다.

그런데 하나님의 형상대로 창조된 인간은 하나님으로부터 멀어지게 된다. 아우구스티누스는 인간이 자유의지에 따라 타락하고 죄를 범했다고 주장했다. 그는 인간의 자유의지를 부인하는 마니교를 논박할 때 이를 강경하게 변호했다. 개종 전 이미 내적 싸움을 심각하게 체험한 그는 마니교를 논박하는 저서들에서 인간의 '자유의지'를 옹호했다. 마니교가 주장하는 대로 인간 안에 두 개의 영혼이 있는 것이 아니라 하나의 영혼, 하나의 의지만이 있다고 주장한다.

그는 그리스도인들에게 자신의 죄에 대해 핑곗거리를 찾지 말라고 한다. 인간의 자유의지는 인간의 품위를 높여주는 하나님의 선물이기에 이에 상응하는 책임을 져야 한다는 것이다. 그런데 아담이 지은 죄의 결과로 모든 사람이 원죄를 지니고 태어났다. 인간이 자기 결심과는 달리 나쁜 행동을 하게 되는 것은 원죄로 인해 자유의지가 손상되었기 때문이다. 아우구스티누스에게 인간은 그리스도를 통해 구원을 받았지만, 자유의지를 어떻게 쓰느냐 하는 문제는 순전히 인간의 몫으로 남아 있는 것이다.

펠라기우스주의 비판과 인간의 원죄

영국 출신 수도사 펠라기우스는 5세기 당시 로마 교회의 도덕적 나태를 비판하면서 그리스도인의 도덕적 책임의 필요성을 강조했다. 이런 주장은 인간 자신이 구원의 주도권을 가질 수 있다고 주장하는 것처럼 보였다. 당시 그리스도인들은 삶에서 하나님의 은총을 부정하거나 약화시키는 것처럼 보인다고 이들을 비판하고 논쟁하게 된다.

아우구스티누스는 그리스도인의 삶에 있어서 처음부터 끝까지 하나님의 은총이 우선한다는 것을 강조했다. 그는 인간은 구원을 향한 능력을 지니지 못하며 자유의지를 소유

자유의지를 강조한 펠라기우스

아우구스티누스와 펠라기우스주의 비교	
아우구스티누스	펠라기우스주의
하나님의 은총에 의한 구원	스스로의 선행에 의한 구원
구원의 주체는 하나님	구원의 주체는 인간
구원은 공로 없이 주어진 선물	구원은 정당하게 얻어지는 보상

하지 못한 인간은 죄에 의해 타락하고 잘못된 의지에 갇히게 된다고 보았다. 이런 경향 때문에 인간은 악을 향하게 마련이고 하나님으로부터 멀어지게 된다. 오직 하나님의 은총만이 죄로 향하는 인간의 경향을 되돌릴 수 있다.

이런 아우구스티누스의 주장에는 인간 본성의 '타락성'이 강조되어 있다. 인간 본성은 하나님이 의도한 본래의 상태가 아니라 타락된 상태이며, 원래의 창조 질서 또한 훼손되고 부패되었다. 그에 의하면 모든 인간은 태어나면서부터 죄에 오염되어 있다. 죄는 인간 존재의 선택적인 요소가 아니라 필수적인 요소로 인간 본성에 내재한다. 모든 사람이 죄인이기 때문에 모든 사람이 구원을 받아야만 하는데 인간은 자신의 지혜와 힘으로 하나님께 갈 수 없다. 타락한 인간을 사랑하는 하나님은 인간을 구원하기 위해 예수 그리스도라는 인간의 모습으로 인간 세계에 들어왔다. 아우구스티누스는 은총이란 하나님이 스스로 죄를 깨뜨리리라며 대가 없이 내리는 하나님의 선물이라고 주장한다. 따라서 구원이란 우리가 스스로 얻을 수 있는 것이 아니며 구원의 원천은 인간의 외부 즉 하나님 자신 안에 있는 것이다.

**서방 그리스도교의
아버지**

아우구스티누스는 가장 뛰어난 그리스도교 플라톤주의자였다. 그는 플라톤과 아리스토텔레스에서부터 비롯되는 고전적 유신론과 그리스도교가 융합할 수 있는 토대를 마련한 인물이었다. 그는 플로티노스에게 영향을 많이 받으면서 플라톤 전통을 체계화했다. 그렇지만 동시에 자신에게 큰 영향을 미친 플라톤 철학의 전통을 누구보다도 예리하게 비판했다.

신학적으로 아우구스티누스 이후 서방교회는 동방교회의 영향에서 자유로웠으며, 그가 바울 사상을 재발견했다는 의미에서 그리스도교 신앙의 제2 창시자라고도 할 수 있다. 아우구스티누스는 서구 그리스도교 역사상 가장 위대한 신학자로, 후대 그리스도교 신학에 전폭적인 영향을 미쳤다. 13세기 스콜라주의에 이르기까지 철학과 신학의 방법론과 내용이 줄곧 그의 영향 아래에 있었다고 하더라도 결코 과장된 표현이 아니다.

아우구스티누스의 영향력은 그의 사상적 유산이 어떻게 전해지는지 보면 그 규모를 어느 정도 가늠할 수 있다. 그 뒤 스콜라주의 신학자에서부터 신비주의자까지, 종교개혁자, 계몽주의자, 현대 철학자에 이르기까지 그의 영향력은 실로 엄청나다. 안셀무스 Anselmus, 1033~1109, 아퀴나스, 페트라르카, 루터, 파스칼 Blaise Pascal, 1623~1662, 키르케고르 Søren Aabye Kierkegaard, 1813~1855 등 모든 사람이 '아우구스티누스'라는 거대한 나무 그늘 밑에 서 있다. 비트겐슈타인 Ludwig Josef Johann Wittgenstein, 1889~1951도 아우구스티누스를 즐겨 읽었다. 물론 니체처럼 아우구스티누스를 징그러워 피하고 싶다는 사람도 있었지만 아우구스티누스의 심리학적 분석은 최초로 '무의식'을 발견한 프로이트 Sigmund Freud, 1856~1939 를 앞지르기도 했다. 아우구스티누스와 직접 관련되는 중세 신학과 종교개혁만을 지적해보자.

먼저 중세 학자들이나 대학 창시자들의 신학과 철학은 신앙과 이성의 관계를 논한 아우구스티누스의 사상에 그 뿌리를 두었다. 페트루스 롬바르두스 Petrus Lombardus, 1100~1160 가 1155년에 펴낸 신학 교과서인 《명제집 Sententiarum libri quatuor》(1148~1151)은 대부분 아우구스티누스에게서 빌린 것이다. 또한 롬바르두스와 같은 시대에 살았던 그라티우스도 서방 교회법의 근간을 제정하면서 아우구스티누스 저작에서 많은 부분을 인용했다. 아퀴나스의 신학 작업이 있기까지 중세 그리스도교에서 아우구스티누스의 사상을 물려받은 신아우구스티누스주의자들이 가장 강력한 영향력을 행사했다. 아우구스티누스 신학은 아퀴나스의 여러 저술에서도 분명히 나타나듯 중세의 아리스토텔레스 사상만큼이나 신학의 규범으로 자리를 굳히고 있었다. 아우구스티누스가 없었다면 토마스 아퀴나스의 신학도 존재하지 않았을 것이다.

또한 종교개혁 당시에는 양측 모두 아우구스티누스에 의존했다. 개신교 종교개혁자들은 중세 가톨릭 신앙이 신의 은총보다 인간의 노력에 의존한다고 비판했다. 이에 맞서

∷ 페트루스 롬바르두스

중세 이탈리아의 스콜라 철학자로 명제집의 스승(Magister Sententiarum)이라고 한다. 주요 저서인 《명제집》은 교부(敎父) 신학자들의 말을 체계적으로 편집한 교의서이다. 이 주제의 최고 권위서로 인정되어 16세기까지 대학에서 교과서로 사용되었으며, 많은 주해(註解)서가 출간되었다.

가톨릭은 인간의 자유의지와 선행의 도덕적 가치(공로)를 부정하지 않으면서도 신적 은총의 우월성을 담보할 수 있다고 주장했다. 개신교는 아우구스티누스의 은총의 개념을 중시하고, 로마 가톨릭은 그의 성례전과 교회론을 선호했다. 이런 논쟁에서 개신교와 가톨릭교회 모두 나름대로 아우구스티누스의 방대한 저작물에 기대면서 자신의 주장을 전개해나간 것이다. 이런 이유로 아퀴나스가 주로 로마 가톨릭교회에 영향을 준 반면, 아우구스티누스는 가톨릭뿐만 아니라 개신교까지 여전히 중요한 영향력을 미치고 있다.

《고백록》

삶의 성찰을 통해 하나님을 찬양하다

《고백록》은 모두 13권으로 아우구스티누스의 작품 가운데 일반인에게 가장 널리 알려진 세계적인 문학 작품이다. 아우구스티누스가 《고백록》에서 고백한 것은 무엇일까? 도대체 고백할 것이 얼마나 많아 이토록 방대한 분량의 글을 쓴 것일까? 또 사람들은 이 책을 왜 그렇게 위대한 문학 작품으로 칭찬할까?

《고백록》은 '객관적'인 자전적 보고서가 아니라 주교로서 아우구스티누스 자신의 삶에 대한 성찰이다. 그는 주교가 된 첫해를 보내면서 《고백록》을 저술하기 시작했는데, 구체적인 저술 동기는 분명하지 않다. 1부(1~9권)는 398년 말에, 나머지 전 작품은 400년에 완성되었다. 하나님에게 보내는 산문시 형태로 쓰여진 《고백록》은 아우구스티누스의 생애, 세례, 어머니 모니카의 죽음(387)까지 그의 내적 발전 과정을 알 수 있는 가장 중요한 문헌이다.

그런데 《고백록》의 구조는 대단히 복잡하고 혼란스럽다. 9권까지는 어머니의 죽음과 어머니의 혼을 달래는 부분에서 절정에 이르는 자서전적 내용이다. 그러다가 10권부터는 갑자기 하나님과 창조에 대해 말한다. 그래서 처음 읽는 사람은 어리둥절해진다. 자서전도 아니고, 신학 책도 아니고, 도대체 아우구스티누스는 무엇을 '고백'한 것일까?

《고백록》의 구조와 내용을 이해하려면 먼저 아우구스티누스가 '고백'이라는 말을 사용하는 맥락을 이해해야 한다. 라틴어 '고백(Confessio)'은 아우구스티누스가 그리스도인이 되기 전까지 행한 잘못된 행동에 대한 '고백'일 뿐만 아니라 하나님의 위대하심과 선하심에 대한 '인정'을 뜻한다. 아우구스티누스는 《보정록》에서 《고백록》의 제목에 "나의 선행과 악행에 관한 《고백록》13권은 정의롭고 선하신 하나님을 찬미합니다"라고 말한다.

따라서 《고백록》은 악행의 고백과 하나님에 대한 찬미 두 부분으로 나뉜다. 1~9권은 개종하기 전까지 행한 그릇된 행동에 대한 고백으로서 오스티아에서 어머니 모니카가 맞은 죽음으로 끝맺으며, 10~13권에서는 하나님과 그분의 창조에 대한 찬미, 11권에서는 시간에 대한 유명한 논의를 전개한다.

내용상 두 부분으로 나뉘는 《고백록》은 전개 방식에서도 차이가 있다. 1~9권은 모니카가 세상을 떠날 때까지를 자서전 형식으로 서술한다. 특히 9권은 거의 어머니에 대한 이야기로 채워져 있다. 자신과 어머니의 관계가 마치 자신의 마음속에서 일어났던 변화인 것처럼 자세히 기록되어 있다. 이에 반해 《고백록》의 10~13권은 주교이자 성서 주석가로서 당시 마음 상태를 기록했다. 여기서 아우구스티누스는 기억과 시간과 창조를 신플라톤주의에 입각해 분석했다. 그리고 이어서 창세기 1장을 뛰어난 솜씨로 해설했다.

이렇게 볼 때 10~13권이 사실상 《고백록》 전체를 이해할 수 있는 실마리가 된다. 아우구스티누스는 자신의 이야기가 모든 피조물에 해당하는 축소판 이야기라고 생각했다. 혼돈과 심연 속에서 타락했던 피조물이 자신의 집이 그리워 괴로운 나머지 하나님의 사랑을 찾아 '회심' 한다는 이야기는 자신뿐 아니라 모든 피조물의 이야기였다. 그래서 9권까지는 방탕한 아들이 경험했던 것을 개인적 차원에서 이야기했다면, 그 뒤는 앞에서 말한 내용을 우주적 차원으로 전개하면서 마무리 지은 것이다. 다시 말해 10~13권은 9권까지 자서전적으로 기술한 주제를 신학적인 표현을 빌려 다시 말한 것이다. 그가 《고백록》의 마지막 부분에서 찾으려는 것은 근원의 재발견이라고 할 수 있다. 피조물의 최초 상태, 즉 피조물이 처음 순수했던 그 순간을 발견하려는 데 있다고 할 수 있다.

아우구스티누스의 신학적 가르침은 다음과 같이 요약할 수 있다.

이성적인 피조물은 외적인 사물을 더 좋아한 나머지 행복은 육체적인 만족에 있다고 여기고 하나님을 무시하면서 하나님에게서 떠났다. 영혼은 돼지 우리에 들어가서 겨우 목숨을 유지하는 탕자처럼 자신이 있던 단계에서 아래로 추락했다. 그리고 기억이라는 깊은 자아의 심연을 통해 하나님을 발견하고, 영혼은 재생과 완전을 꿈꾼다. 이 꿈은 하나님의 사랑과 그 사랑의 선포자이고 중재자인 그리스도의 모범과 속죄에서 실현된다. 하나님은 자신을 위해서 우리를 만들었으므로 우리의 마음은 하나님 안에서 쉬기까지 편안한 날이 없다.

《신국론》

'하나님의 나라'와 '사람의 나라'

《신국론》은 22권으로 구성된 방대한 저작이다. 완성하는 데 14년(413~426)이 걸린 이 작품을 내용상 1~10권과 11~22권의 1부와 2부로 나눌 수 있다. 전반부는 로마의 쇠퇴 원인을 그리스도교에 돌리는 비난에 대한 변호이다. 2부는 로마 몰락의 대안으로서 두 도성의 개념을 아우구스티누스 자신의 역사 해석의 틀로 제시한다.

그렇다면 아우구스티누스는 왜 《신국론》을 쓰게 되었을까?

1. 로마의 쇠퇴가 그리스도교 때문이다?

아우구스티누스가 살던 당시 로마가 정치적 · 경제적으로 쇠퇴하던 것과 달리 그리스도교는 갈수록 성장하고 있었다. 이런 상황에서 《신국론》의 계기가 된 결정적인 사건이 발생했다.

410년 8월 24일 서고트족의 왕 알라리쿠스는 아리우스파 그리스도인인데도 1천 년 이상 유지된 로마를 역사상 처음으로 점령했다. 로마에 대한 약탈은 종교 도시로서 로마 위상의 훼손과 로마 수호 신화의 몰락처럼 여겨졌다. 그런데 로마는 그리스도교가 국교가 된 뒤 여전히 이교적 성격이 강하게 남아 있었다. 그리고 당시 지식인들의 상당수가 신플라톤주의에 매료되어 반그리스도교적 감정을 가지고 있었다. 이런 상황에서 그리스도교도였던 알라리쿠스의 로마 약탈은 로마가 전통적으로 섬겼던 여러 신을 무시하고 그리스도교를 옹호한 데서 발생했다는 비난의 빌미를 제공하게 되었다.

이런 비난은 로마 쇠퇴의 이유에 대한 열띤 논쟁을 불러 일으켰다. 그리스도교 비판자들의 요점은 두 가지였다. 첫째, 그리스도교 교리는 이 세상을 거부하라고 가르쳤기 때문에 이것이 국가에 대한 봉사를 소홀히 하는 결과를 가져왔다. 둘째, 로마의 국가적 운명은 항상 다신 숭배와 연관되어 있었는데, 그리스도교를 공인하면서 전통적인 이교신들을 배반하는 결과를 가져오고 이 때문에 로마가 몰락하는 징벌을 받게 되었다. 로마가 약탈된 뒤 부유하고 교육받은 많은 로마인이 그들의 영지가 있는 북아프리카로 피신했다. 그들은 이곳에서 아프리카 그리스도교 지도자인 아우구스티누스에게 자신들의 비판에 답변할 것을 요구했다. 《신국론》은 바로 이들에 대한 답변이었다.

이상의 의도로 시작된 《신국론》의 1부를 내용에 따라 좀 더 자세히 분류하면, 1부의 전반부 1~5권은 번영이나 고난을 이교도들이 경배하는 다신 숭배나 그 의식을 금지한 탓으로 돌리는 사람들을 반박한 것이다. 6~10권은 여러 신을 숭배함으로써 재난을 피할 수 있는 것은 아니지만, 그런 희생 제의가 죽은 다음 다가올 삶에 유익하다고 확신하는 사람들에 대한 반론이다. 따라서 1~10권은 그리스도교의 가르침과 모순되는 두 가지 잘못된 견해를 반박하는 그리스도교 호교론의 성격이 강하다.

1부 10권의 주제는 다음 세 가지 문제로 요약할 수 있다. 첫째, 로마 몰락에는 그리스도교의 잘못이 있을까, 반대로 로마가 흥성했던 것은 이교신들을 보호했기 때문인가 하는 논쟁에 대한 집중적인 대응이다. 둘째는 로마의 흥기가 이교주의의 도움에 따른 것이 아니라면 로마 흥성을 주도해온 정신적인 힘은 무엇일까에 대한 논의이다. 셋째, 어떤 이교의 종교 구조가 진정한 영적 종교인 그리스도교에 대항하여 종교·도덕적 자기주장을 펼 수 있을지에 답하는 것이다.

2. '신의 도성'과 '인간의 도성'은 다르다

《신국론》의 전반부에서 로마의 전통 종교를 반박한 뒤 아우구스티누스는 11~22권에서 역사를 재해석하는 새로운 대안으로 '신의 도성'과 '인간의 도성'이라는 두 도시 개념을 내세운다. 이를 통해 영원한 천상의 나라와 시간적인 지상의 나라를 구분하면서 자신의 그리스도교 역사관을 제시한다.

2부는 내용상 다시 네 권씩 세 부분으로 나눌 수 있는데, '신의 도성'과 '인간의 도성'의 시작을 11~14권에서, 전개 과정을 15~18권에서, 종말을 19~22권에서 다룬다. '신의 도성'의 기원은 창조에서부터 시작한다. 빛과 어둠이 나뉘는 순간 거룩한 천사와 악한 천사로 나뉘며 각각 두 도성의 서곡이 시작된다. 두 도시는 인간의 의지에 기초해서 건설되는데, 자기를 더 사랑하는 사람이 '지상의 도성'을, 하나님을 더 사랑하는 사람이 '신의 도성'을 건설한다. 전자는 인간의 영광을, 후자는 하나님 속에서 그 최고 영광을 발견한다. 그 뒤 아우구스티누스는 초기 성서 역사에 기초하면서 두 도성의 진행과정을 아담에서 노아(유년기), 노아에서 아브라함(소년기), 아브라함에서 다윗(청년기), 다윗에서 바빌로니아 포로기(성년기), 바빌로니아 포로기에서 예수의 탄생(장년기), 예수의 탄생에서 마지막 심판의 시기(노년기)까지 여섯 시대로 구분한다.

아우구스티누스의 두 도성은 각각의 장소와 구성원을 통해 구분된다. '신의 도성'의 장소는 하늘이며, 그 구성원은 선한 천사와 구원받은 사람들, 그리고 앞으로 참여할 사람이다. 비록 이 도시는 지상에 없지만 그리스도의 은총을 통해 그곳의 시민이 될 수 있다는 점에서 지상과 무관하지 않다. 이에 반해 '인간의 도성'은 '이 세상의 도시'이며, '사탄의 도시(the city of the Devil)'로 이 땅에 존재한다. 이 도성의 구성원은 '신의 도성'에 속하도록 예정되지 않은 모든 인간과 천사로 구성되고, 이들은 진정한 유일신을 숭배하지 않고 거짓 신과 우상을 숭배한다.

아우구스티누스는 '두 도성'의 종말을 다룬 마지막 부분(19~22권)에서 지상의 행복이나 평화가 얼마나 헛된 것인지 밝힌다. 역사의 종국에는 심판이 있을 것이며, '인간의 도성'의 사람들에게는 징벌이, '신의 도성'의 사람에게는 진정한 평화와 축복이 있으리라는 것을 누누이 강조했다. 그리스도의 재림에 따라 종말이 오며, 이것은 심판의 시기이고 시간과 역사의 종결을 의미한다. 아우구스티누스는 그때 마귀가 결박당하고 악인들이 심판을 받고 의인들은 영원한 '신의 도성'에서 영속적 평화를 누릴 것이라고 한다. 악에 대한 형벌은 영원한 고통이고 지옥이며, 선에 대한 보상은 영원한 즐거움과 천상의 도시이다.

아우구스티누스는 이렇게 다른 두 결과를 초래하는 '신의 도성'과 '인간의 도성'의 차이를 인정하지만, 서로 화합할 수 없이 모순되고 적대적인 것으로 보지는 않았다. 이 두 도성에는 서로 중복되는 공통의 연결 고리가 있는데, 두 도성의 공통 목표인 평화가 그것이다. 그는 '인간의 도성'을 '신의 도성'에서 완전히 분리되어 독립된 것으로 파악하지 않고 높은 차원의 '신의 도성'과 연결되어 변화해야할 것으로 본다.

그렇다면 아우구스티누스는 '신의 도성'과 당시 로마 가톨릭교회를 어떤 관계로 보았을까? 그가 '신의 도성'을 교회와 일치시켰다고 결론 내리기는 어렵다. 왜냐하면 제도적 교회의 불완전성을 아우구스티누스 자신이 누구보다 잘 알고 있었기 때문이다. 그는 또한 도나투스주의자들과 논쟁하면서 선택받은 사람과 선택받지 못한 사람이 섞여 있는 현실적 교회의 상태를 잘 인식하고 있었으며, 교회제도주의를 분명히 배격했다. 그렇다면 아우구스티누스는 '신의 도성'과 교회에 대해 양면성을 지닌 것으로 보인다. 역사적 실체로서 교회는 '신의 도성'과 동일시할 수 없다. 그렇지만 종말론적 실체로서 '신의 도성'과 교회는 동일시해도 큰 무리가 없는 것 같다. 즉 현세에는 섞여 있기 때문에 동일시하지 않지만, 종말적 측면에서 '신의 도성'과 교회는 동일시될 수 있는 것이다.

아우구스티누스의 《신국론》은 이후 서양 중세 교회 이론이나 서구 그리스도교 국가 또는 문화와 관계성을 규명하는 중요한 일을 한다.

그가 제기한 《신국론》적 이상은 중세를 통해 상황에 따라 현실적으로 제도화되고 정치화되었지만 그가 제기한 전반적인 역사의 틀은 지켜졌다. 즉 창조에서부터 계시록까지 역사 구도를 짜고, 그 중간에 자기들이 필요한 역사 기록을 끼워 넣는 역사 서술은 중세에도 줄곧 지속되었다.

토마스 아퀴나스의
생애와 지적 여정을 따라

앞서 말했듯이 12세기까지 유럽 사회는 여러 변화를 겪었다. 그 가운데 이슬람을 통한 고대 그리스 과학과 철학의 만남, 특히 아리스토텔레스 철학의 발견은 유럽 그리스도교 사회에 큰 충격을 주었다. 특히 그때까지 커다란 영향력을 행사했던 전통적인 아우구스티누스 신학이 위기에 처하게 되었다. 사람들은 새로운 시대의 신앙 문제에 있어서 더 이상 과거의 권위들, 즉 성서, 교부, 공의회, 교황에게만 의지할 수 없었다. 신앙 문제를 다룰 때 좀 더 분명한 이해를 위해 전보다 훨씬 깊고 넓게 이성과 개념적 분석을 사용해야 했다. 물론 종종 무비판적일 때도 있었고 이전 신학자들의 이야기를 비역사적으로 재해석하기도 했지만, 아퀴나스는 바로 그런 작업을 객관성과 논리적 엄격성을 충실히 지키면서 단호하고 과감하게 수행해나갔다.

아퀴나스는 대학 교수로서 교회의 명예 직책도 맡은 적이 없는 독신 수도사였다. 굴곡이 많았던 아우구스티누스의 삶과 비교하면 평생 학자로 살았던 아퀴나스의 생애는 상당히 단조롭다고 할 수 있다. 그렇지만 그가 살았던 시대만큼은 아우구스티누스의 시대와 마찬가지로 격동의 시대였다. 먼저 아퀴나스의 생애를 중심으로 그에게 영

아퀴나스

향을 준 사상과 그의 사유 형성에 대해 알아보자.

귀족 가문 출신의 '봉헌된 자'

아퀴나스는 1225년 초에 태어난 것으로 추정되지만 정확한 날짜는 분명하지 않다. 원래 롬바르디아 출신이지만, 나폴리와 로마 중간에 있는 아퀴노 지역, 로카세카 성의 이름난 가문 출신의 란돌포Landulf 경과 나폴리 귀족 출신의 테오도라 사이에서 일곱째 아들로 태어났다. 그는 다섯 살에 몬테카시노의 베네딕토 대수도원에 보내졌는데, 사내아이 중 막내였기 때문에 어린 수사가 아닌 '봉헌된 자oblatus'로 바쳐졌다. 당시는 귀족이었지만 막내에게는 상속되는 영지도 없어 수도원에 들어가는 것이 일반적이었다.

그런데 몬테카시노는 교황과 황제의 군사력이 부딪치는 장소였다. 당시 시대 상황을 잠깐 살펴보면, 동방과 서방이 분열된 이후 서방 라틴 유럽은 스페인의 그라나다에서 이슬람 문화와

만나고, 그리스의 발칸반도에서 비잔틴 제국과 경계를 이루고 있었다. 지금의 영국, 프랑스, 독일, 이탈리아를 포함한 유럽의 대부분이 신성로마 제국과 로마 가톨릭교회가 가장 강력한 기구로 있던 단일 라틴 문화에 속했다. 아퀴나스가 태어나던 즈음 황제 프리드리히 2세$^{Friedrich\ II}$는 현재의 독일에서 이탈리아 지역까지 통치하면서 계속 영토를 확장하려고 시도했다. 이 때문에 여러 차례 교황과 갈등을 일으켜 13세기 초 이탈리아에는 분쟁이 끊이지 않았다.

교회 권력과 세속 세력 사이의 분쟁이 심화된 뒤 프리드리히 2세가 이탈리아로 쳐들어왔고, 그 과정에서 황제의 군대가 수도원을 점령했다. 그는 교황 그레고리우스 9세$^{Gregorius\ IX}$와 대립하면서 1239년 이곳에 있는 수도사와 학생들을 추방했으며, 아퀴나스도 이때 9년 동안 받던 초등 교육을 중단하고 베네딕토 수도원을 떠났다.

아퀴나스는 잠시 집에 머무른 뒤 나폴리 대학에 입학했다. 당시 서양의 그 어느 곳보다 아리스토텔레스와의 만남이 폭넓게 이루어지던 나폴리는 아퀴나스에게 중요한 의미가 있었다. 나폴리가 속했던 시칠리아는 당시 동방과 서방의 경계 지역으로, 시칠리아의 팔레르모는 아리스토텔레스 작품을 번역하던 중심지이기도 했다.

아퀴나스가 공부하던 나폴리 대학은 1224년에 프리드리히 2세가 교황청 대학인 볼로냐 대학에 맞서 설립한 것으로 성직자가 되려는 사람을 위한 학교라기보다는 장차 제국의 요원이 될 사람을 길러내는 학교였다. 여기서는 시민법과 교회법을 주로

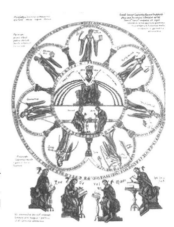

중세의 인문학 7과목. 철학이 한가운데 인물로 묘사
되어 있고 교양과목인 문법, 논리학, 수사학, 대수학,
기하학, 음악, 천문학에 둘러싸여 있다. 철학 아래
두 인물은 소크라테스와 플라톤이다.

연구했지만, 우수한 인문학부가 있어서 7개 교양 과목과 철학을
배울 수 있었다. 아직 신학 연구 자격을 갖추지 못했던 아퀴나스
는 이곳에서 문법, 논리학, 수사학, 대수학, 기하학, 음악, 천문
학 등의 인문학과 아리스토텔레스의 자연철학을 공부했다. 파리
대학의 학생들이 아리스토텔레스의 자연철학과 형이상학에 접
근하는 것이 금지되어 있던 시절에 아퀴나스는 후대의 학자가
주석을 단 아리스토텔레스 논리학 논문을 읽고, 과학과 우주론
에 관한 저작을 소개받은 것이다. 철학을 자연철학, 윤리학, 형
이상학으로 분류하는 후대의 중세 대학들의 관행과 달리 13세기
초에 형이상학은 자연철학에 결부되어 있었다. 따라서 아퀴나스
는 아리스토텔레스의 자연철학을 공부하면서 형이상학까지 접
할 수 있었다.

아퀴나스는 나폴리에서 도미니코회 수도자들을 만났고, 1244
년에 수사로 입회했다. 가족들은 그가 베네딕토 수도회의 성직
자나 수도원장이 되기를 원했기 때문에 그 결정을 반대했다. 반

대한 배경에는 교황과 황제가 대립하는 상황에서 어느 편에 서느냐 하는 정치적인 문제도 있었다. 또한 정주 수도회인 베네딕토회는 성직자 세계에서 출세 코스였지만 설립된 지 얼마 되지 않았고, 신자들의 기부와 교회의 보조금에 의존하는 탁발 수도회였던 도미니코회는 부유한 귀족의 자제에게는 어울리지 않았기 때문이다. 13세기의 귀족들은 안정된 높은 지위에서 전통적으로 존경받는 성직자와, 도시 빈민과 섞여 구걸하며 살아가던 당시 유행하던 순회 설교가인 탁발 수사를 분명히 구분했다. 가족들은 아퀴나스를 강제로 집으로 데리고 왔고 그는 1년 이상 감시 속에 집에서 머물렀다.

대(大) 알베르투스를 만나다

다시 자유로운 몸이 된 아퀴나스는 북쪽으로 여행하여 파리와 쾰른에서 지냈다. 그는 파리에서 대ᵗ 알베르투스 Albertus Magnus, 1200?~1280를 만나 1245년부터 1248년 사이에 그에게서 지도를 받았다. 아퀴나스는 그가 1248년 쾰른으로 돌아갈 때 그를 따라가 도미니코회 수도회 신학원에서 연구를 계속했다. 이 기간에 아퀴나스는 아리스토텔레스의 광범위한 지식을 배웠다. 당시 아퀴나스는 몸집이 크고 나이에 비해 침착하고 냉정하며 어른스러워서 '말 없는 황소'라는 별명으로 불렸다. 이것은 그의 머리가 컸기 때문이기도 했지만, 그의 정신적 능력을 의미하는 것이기도 했다. 스승 알베르투스는 "언젠가는 이 황소가 그의 울음으로 전 유럽을 뒤흔들 것"이라고 말했다고 전해진다.

아퀴나스에게 사유의 길을 열어주고 연구 기반을 닦아준 스승인 알베르투스는 '전과(全科) 박사'라는 칭호가 붙은 도미니코회의 석학으로, 살아 있을 당시에는 아퀴나스보다 훨씬 더 유명했다. 그는 그리스 철학과 과학이 그리스도교에 오히려 유익할 수 있다는 걸 재빨리 알아차리고 두 가지 선구적인 일

아퀴나스의 스승 대 알베르투스

을 했다. 하나는 자연과학자로서 자연철학적 저술을 통해 생물학, 식물학, 생리학, 분류학에서 새로운 결실을 맺은 것이다. 하지만 화학(연금술) 실험 때문에 마술을 행한다는 혐의를 받기도 했다. 다른 하나는 철학자로서 20년에 걸쳐 아리스토텔레스 사상에 관한 백과사전을 쓰고, 12세기 이후 새롭게 연구되기 시작한 아리스토텔레스의 저서와 아랍-유대교의 문헌들을 적극적으로 전파하는 선구적 역할을 한 것이다. 이 문헌들은 당시에 부분적으로 금지되어 있었다. 그는 아리스토텔레스와 그리스도교 신앙을 결합하는 과제를 제자 아퀴나스에게 넘겨주었다.

1252년에 아퀴나스는 신학박사 과정을 공부하기 위해 혼자 파리 대학으로 돌아왔다. 신학박사 과정을 시작하기에 어린 나이였지만 스승 알베르투스의 지원으로 박사 과정을 시작할 수 있었다. 당시 파리 대학은 1215년 교황에 의해 자치대학의 위상을

갖춘 대학 가운데 하나였으며, 신학, 의학, 교회법학과 인문학부로 나뉘어 있었는데, 철학과 신학 연구에서 독보적인 자리를 차지하고 있었다. 1256년 신학박사 학위를 취득한 그는 신학 교수가 되어 3년 동안 파리 대학에서 강의했다. 아퀴나스는 1259년 로마 교황청의 요청으로 강사와 자문 자격으로 이탈리아로 가서 10여 년을 보냈다. 그동안 아난니, 오르비에토, 로마, 비테르보 등지에서 강의하면서 교황청에서 학자와 외교관, 성직자들과 교류했다. 그가 대표작인 《신학대전》의 상당 부분을 쓴 것은 바로 이 시기였다.

아리스토텔레스, 지식인을 사로잡다

1269년에 아퀴나스는 다시 파리 대학에서 강의를 시작했으나 곧이어 대학 내부에서 아리스토텔레스 사상으로 발생한 논쟁에 휩쓸린다. 당시에는 많은 사람들이 이슬람을 통해 들어온 아리스토텔레스를 위험한 인물로 여겨 아리스토텔레스 같은 이교 철학자는 그리스도교에 매우 위험하며 분란을 일으킬 뿐이라고 생각했다.

왜 그렇게 생각했을까? 아리스토텔레스의 사상은 그리스도교의 가르침과 어울릴 수 없는 것처럼 보였기 때문이다. 여기서 잠깐 아리스토텔레스의 사상을 간단히 살펴보자. 마케도니아 출신으로 플라톤의 제자였던 아리스토텔레스는 플라톤뿐만 아니라 지금까지 모든 철학 이론을 하나하나 검토하고 체계적으로 정리했다는 의미에서 고대 철학의 완성자라고 할 수 있다. 또한 그는 스스로 정리한 내용을 바탕으로 자신의 사상을 전개했다.

플라톤과 아리스토텔레스는 정신적인 것과 물질적인 것을 나누고 정신적인 것일수록 더 참되고 선하다는 이원론적 이해를 공유했지만, 그것을 전개한 방향은 각기 달랐다. 플라톤이 정신과 물질을 완전히 분리한 것과 달리 아리스토텔레스는 이들을 별개로 분리하지 않았다. 플라톤은 현상계와 이데아계를 분명히 구분했지만, 아리스토텔레스는 질료質料, matter와 형상形相, form계를 다소 모호하게 구분하면서 세계는 하나뿐이라고 주장했다.

그럼 '형상'과 '질료'는 무엇인가? 형상이란 넓은 의미에서 형태이며, 질료란 물질이지만 '재료'나 '소재'라는 말 정도에 해당한다. 청동으로 된 동상을 예를 들어 이 둘의 관계를 알아보자. 동상은 녹으면 형체가 없어진다. 동상에서 사람의 모습은 그 형상이며, 동상의 재료인 청동은 질료라고 할 수 있다. 또 집을 예로 든다면 집을 짓는 나무나 돌이 질료에 해당하고 집의 형태나 구조, 기능 등은 형상에 해당된다. 질료는 아직 한정되거나 형태가 갖추어지지 않은 것으로 형상과 결합되어 무엇이든지 될 수 있는 가능성을 내포하고 있다. 녹은 청동은 그 자체로 아무것도 아니지만 형태와 결합해서 무엇인가 구체적인 것이 된다.

그렇다면 형상과 질료에서 아리스토텔레스와 플라톤의 차이는 무엇인가? 아리스토텔레스가 말하는 형상은 형태를 가리키기 때문에 이데아와 비슷한 개념이지만 플라톤과는 다르다. 플라톤은 이데아를 현실 세계에서는 볼 수 없지만 실재하는 객관적인 것이라고 생각했다. 그런데 아리스토텔레스에게 형상은 현실 세계에서 발견되는 형태이다. 즉 아리스토텔레스에게 형상과 질료는 구별할 수 있지만, 이것은 한 실재의 두 측면으로 생각으로만 구분될 뿐이며 실제로 구분되지 않는다. 형상은 독립적으로 존재하는 실재가 아니며 개별적인 사물 속에 들어 있다. 다시 말해 특정한 사물은 형상과 질료를 모두 가지고 있어야 한다. 이렇게 형상과 질료를 모두 가진 사물을 아리스토텔레스는 실체 substance라고 했다. 이와 같은 사유의 틀 속에서 아리스토텔레스는 이데아의 세계가 아닌 현실 세계에 바탕을 두고 자신의 사상을 발전시켰다.

이런 아리스토텔레스의 사상은 그리스도교와 조화되기 어려웠다. 당시 서유럽을 지배하던 그리스도교는 플라톤의 영향을 받아 형성되어 있었고, 하나님과 영혼만을 추구했던 아우구스티누스는 자연에 대한 연구를 성서 연구에 종속시킨 채 지적 호기심에 끌려 자연을 연구하는 것을 피했다. 그런데 아리스토텔레스의 앎이나 지식에 대한 자세는 이것과는 근본적으로 달랐다. 경험적인 현실 세계에 초점을 맞추고 그 자체가 목적인 학문을 추구했기 때문에 그의 사상은 그리스도교의 가르침과 쉽게 조화를 이룰 수 있는 것이 아니었다.

그리스도교의 가르침과 아리스토텔레스 주장에 나타난 몇 가지 차이를 짚어보자. 먼저 그리스도교는 하나님의 기적을 인정했지만, 아리스토텔레스는 자연의 질서를 거스르는 기적 같은 특별한 일은 일어날 수 없다고 했다. 그리스도교는 '하나님이 창조한 것으로서 자연'을 주장했지만, 아리스토텔레스는 '스스로 완성된 자연'을 말했다. 그리스도인에게 자연 세계는 창조된 것으로 시간의 흐름 속에 있으며 '처음과 끝이 있는 세계'였지만,

아리스토텔레스에게 자연 세계는 본래부터 존재하는 '시작과 끝이 없는 영원한 세계'였다. 아리스토텔레스에게 자연의 세계는 자연 안에 있는 자신의 운동 원리에 따라 스스로 완성된 것이며 신과 같은 초월적인 다른 존재가 의도적으로 만든 것이 아니었다. 따라서 그는 신과 같은 초월적 존재의 뜻이나 의지를 인정하지 않았다. 그 밖에도 아리스토텔레스는 신의 섭리 대신 역사의 맹목적 필연성을, 영혼의 불멸^{不滅} 대신 육체에 얽매인 영혼의 사멸^{死滅}을 주장하는 등 여러 가지 점에서 그리스도교와 다른 입장이었다.

이렇게 그리스도교와 전혀 다른 기반에서 전개된 아리스토텔레스의 세계관이 유럽에 널리 퍼져나가던 13세기 초 가톨릭교회는 그 위험성을 점점 더 분명히 인식하기 시작했다. 당시 아리스토텔레스 연구의 중심지는 파리와 옥스퍼드로, 특히 파리 대학의 교양학부였다. 1210년 파리 교구의 교회 공의회는 자연철학에 대한 아리스토텔레스의 견해와 그 주석을 가르치는 것을 금지했다. 1215년에는 교황청이 대학에 개입해 아리스토텔레스의 자연학에 대한 금지령을 내렸다. 이 결과 1210년부터 1240년까

아리스토텔레스와 그리스도교의 차이	
아리스토텔레스	그리스도교
자연 과정은 규칙적이고 불변함 기적을 배제함	하나님의 섭리에 의한 기적을 인정
스스로 완성된 자연	하나님의 창조물로서 자연
시작과 끝이 없는 영원한 세계	처음과 끝이 있는 시간 속의 세계
영혼의 사멸, 천국과 부활 개념 없음	영혼 불멸, 천국과 부활 주장

지 파리 대학에서 아리스토텔레스 연구와 교육은 공식적으로 논리학과 윤리학으로 한정되었다.

그러나 1231년에 그레고리우스 9세가 1210년 금지령을 완화하면서 옥스퍼드에서는 아리스토텔레스의 모든 저서를 자유롭게 연구하고 가르치고 있었고 1240년에는 파리에서도 금지령이 흐지부지되었다. 1240년부터 1247년 사이에 옥스퍼드에서 강의하던 베이컨Roger Bacon, 1214?~1294이 파리 대학 교양학부에서 《형이상학》, 《자연학》, 《생성소멸론》, 《영혼론》 등 아리스토텔레스의 저서를 폭넓게 강독하기도 했다. 이렇게 아리스토텔레스의 철학 체계는 우여곡절을 거치면서 점점 파리 지식인과 학생들을 사로잡았다.

**파리 대학의
논쟁에 휩쓸리다**

1255년에 파리 대학 교양학부는 아리스토텔레스의 거의 모든 저작을 강의에 포함하기로 공식 결정했다. 당시 학생들은 교양 과목으로 철학(논리학, 수사학, 문법)과 과학(산수, 기하학, 천문학, 음악)을 배웠다. 신학부와 달리 세속적인 교양학부에서는 그리스도교의 가르침을 별다르게 고려하지 않은 채 아리스토텔레스를 그 자체로 연구하는 경향이 있었다. 이 결정은 아리스토텔레스의 철학을 교육의 중심에 놓겠다는 선언이기도 했다. 그동안 '신학부' 아래에 있었던 교양학부가 사실상 '철학부'로 독립함으로써 신학과는 독립적으로 철학의 진리를 논할 수 있게 되었다는 것을 의미한다. 이런 분위기는 자연스럽게 신학부와 철학부 사이의 긴장을 높이고, 아리스토텔레스 사상에 대한 교회의 감시를 강화하게 했다.

그런데 아리스토텔레스의 문제가 더 복잡해진 것은 그의 사상이 직접 '순수하게' 전해진 것이 아니라 스페인 지역의 훨씬 발전된 아랍-유대교 철학을 통해 해석되고 보완되면서 전파되었기 때문이다. 여기에서 핵심적인 구실을 한 사람이 코르도바 출신의 이븐 루시드^{Ibn Rushd, 1126~1198}였다. 그는 아리스토텔레스에 대한 권위 있는 해설가로서 종교에 맞서 이성과 철학의 자주성을 가장 강력히 옹호했다.

∷ 이븐 루시드

중세 이슬람 종교 철학자. 27세 때 유수프 1세의 장려로 아리스토텔레스의 여러 저작에 주석(註釋)을 달아 서유럽과 라틴 세계에 큰 영향을 미쳤으며 의학서로 잘 알려진 《의학개론》을 저술하기도 했다.

∷ 보나벤투라

이탈리아의 스콜라 신학자. 프란체스코회 총회장으로 신비한 체험에 따라 삼위일체를 이해해야 한다고 주장했다. 저서에 《신에 이르는 정신의 여행》이 있다.

아퀴나스가 파리에 도착하던 때를 전후로 이븐 루시드가 쓴 아리스토텔레스 작품에 대한 주석서들이 파리 대학 신학부 교수들의 주목을 받기 시작했다. 때로 서로 모순될 수 있는 '이성의 진리'와 '신앙의 진리'라는 두 개의 다른 진리가 있다는 이븐 루시드의 사상은 신앙과 이성의 조화나 통일을 주장하던 당시 이슬람교도와 그리스도교도 모두 받아들이기 힘든 주장이었다.

1260년대 파리 대학의 상황을 살펴보자. 한편으로는 아우구스티누스에게서 내려온 신앙의 진리를 상위에 놓고 철학에 대해 신학의 우월성을 주장하는 보나벤투라^{Bonaventura, 1221? ~1274}•와 신학부의 대다수 교수들이 있었다. 다른 한편에서는 철학적 합리주의자이자 철저하게 아리스토텔레스주의자인 시제루스^{Sigerus Brabantius}, 보에티우스 등을 앞세운 아주 적은 수의 교양학부 교수들이 있었다. 이들은 계시의 진리를 받아들이면서도 철학의 합리적 진리를 고집하며, 철학을 신앙과 구별해서 그것 자체로 받아들이려고 했다.

이탈리아에서의 강의를 마치고 돌아온 아퀴나스는 이들과 논쟁에 휘말리게 되었다. 그는 《지성의 단일성에 대해서-이븐 루시드주의자들에 대한 논박^{De unitate intellectus contra Averroista}》을 통해 이븐 루시드와 시제루스를 비롯한 파리 대학의 이븐 루시드 추종자들이 아리스토텔레스를 잘못 이해하고 있다고 비판했다. 그는 철학과 신학이 서로 구분되는 학문이지만 올바로 추구하기만 하면 결코 모순될 수 없다고 주장했다. 그에 따르면 인간의 이성에는 고유의 법칙이 있고, 그것에 따라 어떤 초자연적 존재의 개입 없이도 진리를 인식할 수 있었다. 즉 꼭 신앙으로 계시된 진리만이 전부는 아니라는 말이다. 그는 이성을 통해 자연스럽게 알게 된 진리가 신적 계시로 보충될 수도 있지만, 결코 전자가 후자에 모순되는 일이 없다고 주장했다. 아퀴나스의 주장은 신앙에서부터 이성의 역할과 영역을 인정하면서 동시에 신앙과 이성이 모순되는 것이 아니라는 것이었다.

그런데 이것은 비록 온건하지만 아리스토텔레스 철학을 인정하는 입장이었으며, 이 때문에 시제루스 편에 서 있다고 생각해도 무리가 없을 정도였다. 이런 아퀴나스의 견해는 대다수 신학자들로부터 긍정적인 반응을 얻지 못했다. 당시 신학의 주류였던 아우구스티누스주의자들에게 아퀴나스의 주장은 낯선 것이었고, 이들은 자신들의 주장이 위협받고 있다고 느꼈다. 그들은 아퀴나스가 이교 사상에 지나치게 양보하며, 자신들이 위험하다고 생각하는 시제루스에게 동조한다고 판단하고 이후 아퀴나스의 주장에 많은 비판을 가하게 된다.

플라톤 vs. 아리스토텔레스

그렇다면 이렇게 막강한 영향력을 행사하면서 아퀴나스를 비판하고 아리스토텔레스 사상을 배척하던 아우구스티누스 전통은 무엇일까? 앞서 보았던 아우구스티누스의 사상을 염두에 두면서 이들이 처했던 상황을 되돌아보자. 당시 라틴 서방의 지적 전통은 전체적으로 아우구스티누스가 유용하게 사용한 신플라톤주의가 지배적이었다. 서방 신학에서 몇 세기 동안 신학과 철학, 신앙과 이성을 결합한 아우구스티누스 전통은 점점 더 확장되었고 그 결과 중세 초반 아우구스티누스는 서방 신학자들에게 가장 중요한 스승으로 여겨졌다. 그의 저작들은 신학적 권위의 원천이 되었으며, 사람들은 그의 저서들을 인용해 신학적 질문을 해결했다.

그러나 13세기에 이르러 이들의 위상을 위협하는 새로운 상황이 벌어졌다. 아리스토텔레스의 철학이 소개되면서 전통적 신학과 새로운 철학 사이에서 양자택일해야 하는 실제 상황에 부딪히게 된 것이다. 이제 플라톤주의 영향 아래서 전통적 신학을 따르는 신학자들은 의식적으로 아우구스티누스적인 신학을 만들어내는 데 온 힘을 쏟았다. 이들은 어떤 점에서 아리스토텔레스의 주장과 다를까?

첫째, 신학과 철학의 관계이다. 이것은 "플라톤과 아리스토텔레스가 신학에 어떤 역할을 할 것인가?" 하는 문제였다. 아우구스티누스주의자들은 플라톤만 단순하게 옹호한 것이 아니라 아우구스티누스와 위-디오니시우스Pseudo-Dionysius로 이어지는 신플라톤주의적 전통까지 전체적으로 옹호했다. 이들의 눈에는 아리스토텔레스는 지나치게 이론적이었으며, 이 세상에 관한 지식에 너무 집착하는 것처럼 보였다. 그에 반해 신플라톤주의의 신비적 경향은 아우구스티누스적인 신학 전통에 경건한 분위기를 부여했다. 이렇게 새로운 형태의 플라톤주의는 그리스도교 전통이

라파엘로가 그린 그림으로 바티칸에 있다. 가운데 두 인물이 플라톤과 아리스토텔레스.
손가락을 위로 가리키는 왼쪽의 플라톤은 《티마이오스》를, 손바닥을 아래로 향하는 오른쪽의 아리스토텔레스는 《윤리학》을 들고 있다.

고대의 철학을 필요에 따라 적절하게 응용했던 태도를 충실하게 지켜나갔다. 예를 들면 영원한 이데아는 스스로 존재하는 것이 아니라 하나님의 심성 안에 존재하므로 엄밀한 의미에서 하나님 한 분만 영원하다고 볼 수 있다고 여겼다.

반면 플라톤주의와 아리스토텔레스주의 두 사상은 철학과 신학의 관계성에 대해 서로 다르게 이해했다. 아우구스티누스주의 자들은 대부분 '계시'와 '이성'을 분명하게 구별할 수 없다고 생각했다. 아우구스티누스는 모든 지식은 하나님이 빛을 비추어 준 결과라고 가르쳤던 것이다. 이런 주장에 반대해서 아리스토 텔레스주의자들은 이성과 계시를 분명하게 구별함으로써 철학과 신학도 구별했다.

둘째, '어떻게 지식을 얻을 수 있을까?' 하는 문제에서 아우구스티누스주의는 아리스토텔레스와 다른 견해를 보였다. 이들은 모든 참된 지식은 하나님이 먼저 인간에게 빛을 비추어서 인간 영혼 안에 담겨 있는 것으로 육체적 감각을 통해 나오는 것이 아니기 때문에 육체적 감각과 동떨어진 것이라고 했다. 이러한 견해에 반대해서 아리스토텔레스와 새로운 철학을 따르는 사람들은 감각이 지식을 얻는 데 중요한 구실을 한다고 주장했다.

셋째, 신의 존재를 증명하는 방법에 차이가 있다. 진리를 인식하는 방법의 차이 때문에 신 존재 증명 방법까지도 달라졌다. 아우구스티누스주의자들은 안셀무스의 방법론을 따르면서 육체적 감각을 출발점으로 해서는 신의 존재를 증명할 수 없으며, 신의 개념 자체 안에 신의 존재까지 내포되어 있다고 주장했다. 아리스토텔레스를 따르는 사람들은 신 존재 증명은 감각을 통해 알게 된 사실과 대상을 출발점으로 했는데, 아퀴나스의 '신 존재 증명의 다섯 가지 방법'이 그 대표적인 사례다.

넷째, 아우구스티누스주의자들은 대부분 의지를 이성 위에 두었는데, 이것은 회심 이전의 아우구스티누스의 경험을 반영한 것이다. 이들에게 중요한 것은 이성적인 진리보다는 선한 것을 추구하는 것이었다. 따라서 아우구스티누스주의 신학은 추상적이고 형이상학적인 면보다는 실제적이고 도덕적인 경향을 갖게 되었다.

물론 이런 새로운 아우구스티누스주의적 신학이 획일적인 것은 아니며, 경직된 정통주의에 머무르지도 않았다. 또한 '아우구스티누스주의자'라는 신학자들이 모두 다 이런 사상에 동의한 것도 아니다. 그렇지만 이와 같은 주장들은 13세기 동안 점점 더 신학적 경향의 근본적 특징을 이루게 된다. 아리스토텔레스의 철학적 합리주의의 영향을 받은 아퀴나스의 신학 작업은 이들과 지속적인 대화와 긴장 관계에서 진행되었던 것이다.

가톨릭교회의 '보편 박사'가 되다

1269년부터 1272년까지의 파리 생활은 아퀴나스 생애에서 가장 왕성한 활동기였으며, 아리스토텔레스의 자연 이론에 대해 관심이 가장 높았던 때이기도 하다. 실제 이 기간에 아리스토텔레스 주석서인 《자연학 주해》, 《형이상학 주해》, 《영혼에 대하여》를 집필하기도 했다. 또 1260년에는 당시 아리스토텔레스 저서의 번역본이 그다지 좋지 않다는 것을 알고, 도미니크회 수도사인 기욤Guillaume de Moerbeke, 1215 ~1286•에게 맡겨 새롭게 다시 번역하도록 했다. 기욤은 1261년부터 1270에 걸쳐 《분석론 전·후서》를 제외한 거의 모든 아리스토텔레스 저작을 그리스어 사본에서 다시 번역했다. 그동안 아퀴나스는 아리스토텔레스 철학과 그리스도교 신학의 통합을 목표로 《신학대전》을 썼고, 아리스토텔레스 철학의 합리적 체계로서 그리스도교 신학을 재편성해 새로운 사상을 구성했다.

┇┇ 기욤

플랑드르 출신의 성직자, 대주교, 고전학자. 아리스토텔레스를 비롯한 초기 그리스 철학자와 주석가의 저서를 라틴어로 번역하여 그리스 사상을 중세의 서방 라틴 세계에 전달하는 데 크게 기여했다.

아퀴나스는 1272년에 나폴리 대학에 도미니코회 신학연구센터를 세우기 위해 파리를 떠났다. 그곳에서 센터를 세우고 강의와 저술을 계속하던 아퀴나스는 1273년 12월 6일 성 니콜라스 축일 미사에서 신비 체험을 하고 그 이후 강의와 글쓰기를 멈췄다. 그는 중단 이유를 이렇게 설명했다.

> 내가 이제껏 쓴 것들은, 내가 보았고 나에게 계시된 것에 비긴다면 한낱 지푸라기처럼 느껴졌다.

이런 이유로 《신학대전》은 3부에서 중단되고 미완성으로 남아 있다. 그 뒤 교황 그레고리우스 10세의 명에 따라 1274년 리옹에서 열리는 공의회에 참석하려고 가던 도중 1274년 3월 7일 나폴리와 로마 사이에 있는 포사 노바Fossa Nova의 시토 수도원에서

병으로 눈을 감았다.

아퀴나스의 사상은 가톨릭의 공식적인 가르침으로 인정받기까지 순탄치 않은 과정을 거쳤다. 그는 한때 이단으로 규정되기도 하였고, 죽은 뒤 시신이 훼손당하기까지 했다. 1270년에 파리의 사제 에티엔 템피어 Etienne Tempire 는 시제루스와 그 동료들이 쓴 저술과 가르침에서 13개 명제를 뽑아 단죄했다. 아퀴나스가 죽은 뒤 1277년에 교황 요하네스 21세 Johannes XXI 가 템피어에게 파리 대학에서 일어난 잘못에 대해 조사해 보고하라고 하자, 그는 219가지 명제를 이단으로 단죄했다. 이때 유죄 선고를 받은 것은 시제루스뿐만 아니라 아퀴나스 사상도 포함되어 있었다.

그는 죽은 지 반세기가 지난 1323년에 복권되어 교황에게서 성인 칭호를 받았고 1325년에서야 1277년의 유죄 판결 가운데 아퀴나스에게 해당하는 것을 무효로 한다는 결정이 내려졌다. 그리고 1567년 교황 비오 5세 Pius V 는 아퀴나스에게 가톨릭교회의 '보편 박사 Doctor communis' 라는 칭호를 내려주었다. 이런 과정을 거쳐 아퀴나스 신학이 유럽의 그리스도교 세계에서 공식적으로 인정되고 이후 중세 유럽의 정신 세계를 석권하게 된다.

아우구스티누스 전통에서 아리스토텔레스를 포용하다

지금까지 아퀴나스 생애를 중심으로 그가 사상을 형성하는 과정과 배경, 그리고 영향을 받거나 준 것들에 대해 살펴보았다. 그 가운데 가장 중요한 사건이 아리스토텔레스 사상을 접하게 된 일이다. 아퀴나스는 아리스토텔레스 사상에서 영향을 많이 받았다. 그렇다면 아퀴나스를 '아리스토텔레스주의자'라고 보아도 좋을까? 그를 중세의 그리스도교적 아리스토텔레스주의의 창시자라고 한다는 것을 생각할 때 부분적으로 '그렇다'고 대답할 수 있지만, 이것은 완전히 옳은 말은 아니다. 아퀴나스 사상은 오로지 아리스토텔레스의 영향으로만 이루어진 철학이라고 할 수는 없다. 《신학대전》을 쓰기 전에 몇 권의 철학적인 책을 썼던 아퀴나스가 《신학대전》에서 펼친 하나님의 존재 증명은 분명히 상당 부분 철학적인 관념을 전제하고 있다. 그렇지만 우리는 아퀴나스가 철학자나 그리스도교 철학자라기보다는 오히려 신학자였다는 것을 염두에 두어야 한다. 또한 아퀴나스 사상의 성격은 철학으로 규정되는 것이 아니라 신학으로 규정된다는 것도 유념해야 한다. 따라서 아리스토텔레스에 대한 아퀴나스의 기본적 관심과 그의 신학 사상을 구성하는 다른 요인을 얘기할 필요가 있다.

먼저 아리스토텔레스 철학을 대할 때 아퀴나스의 기본적인 관심은 무엇이었을까? 그것은 아리스토텔레스 철학을 어떻게 그리스도교 신학에 조화롭게 편입시킬 수 있을까 하는 문제였다. 아퀴나스의 당면 과제는 철학의 본질을 손상하지 않고 철학을 신학에 도입하는 것이 아니라, 신학의 본질을 손상하지 않고 철학을 신학에 도입하는 것이었다. 이것은 아퀴나스가 아리스토텔레스의 철학을 자신의 신학 작업에 그대로 전용하거나, 아리스토텔레스를 무비판적으로 수용한 것이 아니라는 사실에서 잘 드러난다. 아퀴나스는 아리스토텔레스를 이용해서 그리스도교 진

리를 좀 더 체계적으로 드러내려 한
것이다.

아퀴나스는 아리스토텔레스의 어
떤 측면을 가장 먼저 적극적으로 수
용했을까? 그것은 현실 세계를 중
시하는 아리스토텔레스의 태도였

:: 디오니시우스 아레오파기타

신약성서 〈사도행전〉에서 언급되는 바울의
제자. 기독교에 신플라톤주의를 도입하는
데 큰 영향을 주었다.

다. 아리스토텔레스는 감각적이고 현실적인 것을 항상 먼저 주
목했는데, 아퀴나스가 가장 먼저 받아들인 것이 바로 이런 근본
주장이었다. 아리스토텔레스는 아퀴나스에게 구체적인 것, 즉
경험할 수 있는 현실 세계를 주목하게 하는 결정적인 계기를 주
었다. 현실적 사물은 플라톤주의자들이 주장한 것처럼 이데아의
단순한 반영도 아니고, 그 그림자도 아니며, 볼 수 없는 것이나
정신적인 것을 단순히 상징하는 것도 아니었다. 이로써 보고 듣
고 만질 수 있는 감각적인 사물은 이제 고유한 권리가 있는 실재
로 간주되어 자연적 이성을 통해 얼마든지 탐구할 수 있었다. 아
퀴나스가 아리스토텔레스에게서 가장 먼저 발견한 것은 이와 같
은 자연적 세계의 현실성이었다.

아퀴나스는 아리스토텔레스를 빌려서 웅장한 신학적 종합을
이루었다. 그러면 그 종합에서 발견되는 다른 사상가는 없을까?
아퀴나스의 저작에는 아리스토텔레스만이 아니라 플라톤이나 아
우구스티누스, 신플라톤주의 계통인 디오니시우스 아레오파기타
Dionysius Areopagita 등이 커다란 영향을 미치고 있다. 실제 아퀴나스
는 여러 번 아리스토텔레스를 논박하면서 플라톤을 옹호했다.
아퀴나스는 이데아론, 즉 하나님의 말씀 안에서 생동하는 원래

적 계획으로서 창조라는 플라톤의 핵심적인 사상을 한 번도 포기한 적이 없다. 그의 저술에서는 디오니시우스 아레오파기타가 7백 번 이상 인용되었다.

그렇지만 그 누구보다 아퀴나스 신학에 가장 큰 영향을 준 사람은 아우구스티누스가 분명하다. 아퀴나스는 비록 철학자로서는 아우구스티누스주의자가 아니었지만, 신학자로서는 아우구스티누스주의자였다. 물론 세부적인 면에서 아우구스티누스를 많이 수정하고 변경하고 때로는 무시했다. 그리고 그 자신은 신아우구스티누스주의 신학자로 분류되지는 않는다. 하지만 신앙 진리의 영역에서는 당시 지배적이던 아우구스티누스 신학에 얽매여 있었다. 특히 신앙과 이성의 두 영역으로 구분하면서 위쪽 신학적 상부구조를 초자연주의적인 것들과 구원의 신비로운 영역으로 남겨두는 것은 거의 신플라톤주의적이며 아우구스티누스적 전통을 그대로 따랐다.

또한 아퀴나스는 아우구스티누스와 고대 교부들의 신학이 플라톤 개념을 사용했다고 자주 지적했지만, 삼위일체론, 그리스도론, 구원론, 교회론, 성사론 등의 신학적 주제를 물려받은 전통을 넘어서서 그 배후까지 파고들지 않았다. 아우구스티누스가 없었으면 아퀴나스의 신학은 존재할 수 없다. 아퀴나스는 신학적 진술과 신앙적 존재 방식에서는 아우구스티누스의 충실한 제자라고 할 수 있다. 이런 점에서 아퀴나스는 아우구스티누스가 시작한 그리스도교의 중세 라틴 패러다임을 완성한 인물로 평가되지만, 그 패러다임을 넘어서서 새로운 패러다임을 시도한 선구자로 기록되지 못했다.

아퀴나스의 신앙과 이성

**"믿기 위해
이해한다."**

이제 아퀴나스 사상에서 신앙과 이성의 문제를 살펴보려고 한다. 앞서 아우구스티누스의 경우처럼 여기서도 먼저 아퀴나스의 주장이 '믿기 위해 이해한다'라는 것을 밝힌다. 이것은 아우구스티누스가 말한 '알기 위해 믿는다'와는 앞뒤가 다르다.

아우구스티누스는 신앙이 이성에 앞선다는 것을 전제하면서 '알기 위해 믿는다'고 고백한다. 이는 믿음에서 출발해서 이것을 통해 앎을 추구한다는 의미이다. 아우구스티누스의 삶과 앎이 철저하게 종교적이었기 때문에 그는 이성이나 지식보다는 신앙이나 믿음이 우선한다는 것을 강조했다.

그런데 아퀴나스는 아우구스티누스 고백의 앞뒤를 바꾸어 '믿기 위해 이해한다'고 주장했다. 왜 이렇게 앞뒤를 바꾸었을까?

이것은 아퀴나스 사유 체계 전체와 관련되어 있다. 그는 신학과 철학을 분리하면서 신앙의 영역과 이성의 영역을 구별했다. 그렇지만 이렇게 구별된 신앙과 이성, 신학과 철학을 서로 보완적인 관계로 파악했다. 자연적 이성을 통해 믿음으로 나아갈 수 있다는 합리적 성향을 강조하기 '믿기 위해 이해한다'고 말한 것이다. 이것은 신앙의 정당성을 이성으로 논의할 수 있음을 의미한다. 이렇게 아퀴나스는 자연적 이성을 통해 인식되는 철학적 진리는 그 영역 안에서 신앙과 모순되지 않고 신앙과 조화를 이룬다고 생각하면서 이성을 전제로 하는 신앙을 주장했다.

다시 말해 아우구스티누스는 '신앙을 전제로 하는 이성'으로, 아퀴나스는 '이성을 전제로 하는 신앙'으로 이 둘을 구별할 수 있다. 전자는 신비주의적 특징을, 후자는 합리주의적 특징을 각각 갖고 있다. 이런 차이가 있지만 두 사람 모두 이성을 계시보다는 낮은 개념으로 본다는 점에 공통점이 있다. 이것은 이성을 독자적 사고의 수단으로 생각하기보다는 신앙적 사고를 통해 사물을 완전히 이해할 수 있다는 그리스도교적 사유의 특징을 반

아우구스티누스와 아퀴나스의 상대적인 차이	
아우구스티누스	아퀴나스
알기 위해 믿는다	믿기 위해 이해한다
위로부터의 인식	아래로부터의 인식
이성에 우선하는 신앙	이성에 토대한 신앙
신앙에 토대한 이성	신앙으로부터 자율적인 이성
신비주의적 특징	합리주의적 특징
공통의 토대 : 이성에 대한 신앙의 우월성	

영한다. 중세 그리스도교 세계에서는 신앙과 이성이 조화를 이루고 결합해도 이성에 대한 신앙의 우위가 끝까지 지속된다.

대학에서 진리를 추구하다

아퀴나스의 사상을 살펴보기에 앞서 아우구스티누스와 아퀴나스가 다른 점부터 알아보자. 평생 대학 교수였던 아퀴나스의 사상은 대학이라는 장에서 형성되었다. 아퀴나스의 신학은 대학의 신학으로, 근본적으로 합리적이며 체계적이다. 대학에서 전개된 신학이란 '학교' 안에서 교수들이 저술하는 신학으로 일반인이나 목회자들을 위한 것이 아닌 일차적으로 대학생들과 신학 동료들을 위한 것이다. 이런 아퀴나스 신학은 이전 고대 교부들의 신학과 달랐다. 이들은 좀 더 실천적이고 실제적인 신앙 생활과 밀접한 관련을 추구했으며 관조적이고 수도자적 경향이 강했다. 주교로서 아우구스티누스 역시 신학의 목표를 지식 자체보다는 지식을 통해 참된 진리를 발견하는 행복의 추구에 두었다. 따라서 아우구스티누스의 신학적 활동이 상대적으로 좀 더 실제적이고 실천적이었다.

또한 사유를 전개하는 글쓰기 방식에서도 그 이전의 신학과는 달랐다. 아퀴나스의 모든 저작은 라틴어로 간결하고, 분명하며, 엄밀하게 쓰였다. 논의는 전적으로 '스콜라적' 방법으로 전개되어 그의 저작들은 항목 수가 많고 세분화되어 있다. 또 엄격한 개념 규정과 형식적 구별을 적용하고, 반증과 답변, 문법과 변증법 논쟁 등 온갖 방법을 이용한 냉정한 분석으로 가득 차 있다. 그래서 매우 단조롭고 개성이 없으며 때로 삭막하기까지 한 그의 책들은 아우구스티누스의 감성적이며 생동적이고 화려한 글쓰기와는 매우 대조된다.

비록 아퀴나스는 삶의 현장과 사유 방식의 전개는 달랐지만, 아우구스티누스와 마찬가지로 자신의 삶에서 가장 중요한 과제가 '하나님에 대한 책임 있는 이야기'로서 신학을 제시하는 것이라고 《이교도 대전》 첫머리에서 밝히고 있다. 신학자로서 사제로서 아퀴나스의 삶은 성찰과 반성을 통해 하나님의 말씀을 책임감 있게 제시하는 것이라고 할 수 있다. 그리고 시대에 걸맞고 책임 있는 형식으로 신학을 하기 위해서 아리스토텔레스를 적극적으로 수용하고 전통 신학을 새롭게 하려고 했다.

그런데 앞서 살펴본 것처럼 아퀴나스 시대 사람들은 감각을 지식의 출발점으로 삼는 아리스토텔레스 철학에 대해 두 가지 다른 반응을 보였다. 보나벤투라로 대표되는 아우구스티누스를 따르는 전통주의자들은 이 새로운 철학을 거절하면서 전통 신학의 근본 구조에 별 영향을 주지 못한 몇 가지 요소만을 받아들였다. 이와 달리 시제루스를 중심으로 한 아리스토텔레스-아베로에스적 진보주의자들은 이것을 적극 수용하면서 새로운 철학을 반대하는 전통 신학이나 철학을 모두 배척했다. 아퀴나스는 이런 두 극단 사이에서 교회의 전통과 성서의 권위에 충실한 신학을 새로운 철학의 구조 안에서 만들려고 시도했다. 그는 여러 요소를 종합해서 아리스토텔레스적인 것도 아니고 아우구스티누스적인 것도 아닌 아퀴나스적인 새로운 것을 정립했다. 그로부터 중세 로마 가톨릭 신학의 고전적 형식, 스콜라주의가 완성되었다.

그리스-로마 철학과 그리스도교의 만남, 스콜라주의

'스콜라'는 학교를 뜻하는 라틴어 'schola'에서 유래한다. 일반적으로 스콜라주의는 중세의 특징인 정신적인 태도와 철학적 방식 또는 이와 비슷한 사유 방식을 포괄적으로 지칭한다. 11세기 중반부터 15세기 중반까지 유럽의 대학에서 그리스와 로마 철학을 그리스도교의 가르침과 결합하여 일관된 체계를 마련하려던 학문적 경향이다. 따라서 스콜라주의 중심에는 그리스 철학, 특히 아리스토텔레스가 강조한 체계와 연역과 같은 논리적이며 학문적 방법론이 자리하고 있다. 이것은 자연적인 인간 이성의 도움으로 초자연적 현상인 하나님의 계시를 이해하려는 신학적인 시도라고 할 수 있다.

스콜라주의자들의 가장 중요한 관심사는 어떤 새로운 사실을 발견하기보다는 고대에 이미 획득된 지식을 그리스도교의 계시와 일치시키려는 것이었다. 우리가 보통 중세의 학문 방식으로 '스콜라'라고 말할 때는 대학 수업에서 진행되던 엄격한 학문 체계가 있는 방식, 그리고 이성의 법칙을 준수하는 학문적 방법을 말한다.

아퀴나스의 전체 저작은 바로 이 스콜라적 학문 방식을 그대로 따르고 있다. 단편적인 것을 이해하고, 논쟁하고, 증명하는 방법과 서로 다른 견해를 조정하는 방법을 중시하는 방식이다. 예를 들면《신학대전》에서는 한 가지 물음이 먼저 제기되고, 각 논제에 대한 아퀴나스의 논의가 시작된다. 그리고 이 문제에 대한 기존의 권위 있는 글을 싣는다. 다른 한편으로는 이와 반대되는 견해를 담은 다른 권위자의 글을 싣는다. 이렇게 그 문제에 대한 일종의 예비적 검토로 견해가 다른 여러 권위자들의 글을 인용한 뒤 비로소 아퀴나스는 자신의 주장을 전개하고, 또 자기와 생각이 다른 권위자들을 논박한다. 이것이 전형적인 스콜라적인 논지 전개 방식이다. 이를 좀 더 자세히 살펴보자.

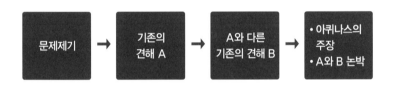

스콜라주의 양식은 대학 강의에서 이루어진 강독과 물음, 토론이라는 세 가지 방식으로 구성된다. '강독'에서 '물음'이 제기되고, 이 '물음'은 다시 '토론'이 된다. 먼저 '강독'은 가장 기본적인 것으로 텍스트에 대한 주석이다. 이 텍스트는 그리스도교와 고대 사상가들의 저작 가운데 교회나 신학자들이 권위를 부여한 것들로 성서와 교부들 그리고 플라톤과 아리스토텔레스 등의 작품이다. 수업 시간에 '강독'은 본문에 대한 단순한 설명을 넘어 논리적 설명 또는 해명을 위해 문법적인 분석에서 더 깊이 있게 나아가면서 '물음'이 제기된다.

'물음'은 좀 더 수준이 높게 가르치는 방식이다. 강독에서 물음이 제기되는 것은 두 가지 경우이다. 하나는 학생들이 강의 중 모르는 부분이 있을 때 강독자인 교수에게 질문하는 것이다. 다른 하나는 동일한 문제에 대해 서로

강독, 물음, 토론을 통해 수업을 하던 중세 스콜라 학교

다른 답변이나 주장이 나오는 경우이다. 물음은 '……인가?' 라는 형태를 취한다. 아퀴나스의 저서는 대부분 물음으로 시작된다. 그의 논의는 물음 '……인가'에 해당하는 라틴어 'utrum'으로 시작된다. 이렇게 'utrum'으로 시작되는 물음의 형식은 고정된 틀이다. 이 물음은 교수와 학생의 적극적인 논의의 대상이 되며, 이로써 '토론'으로 나아간다.

아퀴나스 저작에서 볼 수 있는 토론의 전개 방식에서는 우선 물음으로 제기되는 주제에 대한 학설이나 주장이 소개된다. 주로 교회의 권위 있는 교부나 신학자들의 의견을 제시하는데, 아우구스티누스의 견해가 가장 많이 언급된다. 그 다음 이 주장에 대한 반대 의견이 제시된다. 이 반대 의견은 '그러나 이 주장에 대한 반대로'라는 의미의 'sed contra'라는 단어로 시작된다. 그리고 이에 대한 아퀴나스 자신의 답변이 소개된다. 마지막으로 주장에 대한 반박 내지 보충 설명을 함으로써 한 가지 물음이 끝난다. 아퀴나스 저작에서 아우구스티누스와 아리스토텔레스의 영향력은 절대적이다. 아퀴나스 저작에서 아우구스티누스를

'그 신학자'로, 아리스토텔레스를 '그 철학자'라고 지칭하는 것만 보아도 그 영향력을 미루어 짐작할 수 있다.

'아래로부터'의 인식과 '위로부터'의 인식

신앙과 이성의 논의라는 맥락에서 볼 때 아퀴나스에 대한 아리스토텔레스의 일차적인 영향은 이성의 독자성과 이성을 통한 인식에 새로운 가치를 부여한 것이다. 아퀴나스에게 이성이 신앙과 구별되어 자주성과 고유한 권리, 자기만의 영역이 있다는 것은 너무도 분명한 사실이었다. 이것은 아퀴나스가 아리스토텔레스 철학에서부터 사물에 대한 지식을 얻는 방법과 학문하는 방법을 새롭게 받아들였기 때문이다.

그런데 당시 과거의 아우구스티누스 전통을 따르는 학자들은 아리스토텔레스에 별로 관심을 기울이지 않았다. 그들은 이성의 자율적 기능과 능력을 어느 정도 인정했지만 그 영역은 신앙에서부터 독립되어 분리된 것이 아니라 신앙으로 포용되는 것이었다. 그들은 여전히 이성의 정당성을 신앙에 근거해서 논증했다. 그렇지만 아퀴나스는 이성에 근거해서 신앙의 정당성을 논증해야 한다고 생각했다. 신앙에서부터 구별되는 이성, 이성적 신앙은 '믿기 위해 이해한다'는 선언으로 요약된다.

한마디로 아퀴나스는 이성의 자율적 영역을 인정한 것이다. 아퀴나스는 이 점에서 다른 주류 신학자들과 달랐다. 그는 이성을 통해 합리적으로 파악할 수 있는 것이 그 자체로 존재하며,

그것은 신앙과 모순되지 않고 이성의 영역 안에서는 옳다고 인정했다. 이성을 신앙에서부터 분리한 것이다. 아퀴나스 덕분에 신앙과 이성의 관계가 아우구스티누스와 달리 새로운 방향에서 성찰된 것이다. 물론 아퀴나스의 신앙은 이성을 넘어서 계시의 영역을 부인한 것이 아니다.

아퀴나스가 신앙과 이성을 구별하는 접근 방식에는 두 가지 차이가 있다. 첫째, 사람에게는 서로 다른 두 가지 인식 방법 또는 인식 방향이 있다. 둘째, 서로 다른 두 가지 인식 영역 또는 인식 관점이 있다. 이런 차이 때문에 자연적 이성이 할 수 있는 것과, 은총에 근거해 신앙이 할 수 있는 것이 구별된다. 또한 인간이 '아래로부터' 경험의 지평 안에서 인식하는 것과, '위로부터' 하나님의 관점에 근거해 성서를 통해 인식하는 것이 엄밀히 구별되는 것이다.

이런 구별을 통해 낮은 차원의 자연적 진리의 영역과, 높은 차원의 초자연적 계시의 진리 영역으로 나뉜다. 이렇게 두 가지 다른 인식 방법과 인식 영역을 담당하는 두 가지 다른 학문이 존재한다. 그것이 바로 철학과 신학이다. 아퀴나스에 따르면 원칙적으로 철학이 인식할 수 있는 진리와 신학이 인식할 수 있는 진리는 분명히 구별된다. 결국 아퀴나스는 모든 학문을 궁극적으로 신학으로 소급하던 이전의 전통 신학과 달리 원칙적으로 인식 방법과 인식 영역을 구분하고 이를 통해 학문의 구별을 주장한 것이다. 이것은 신앙으로의 소급되던 이성에서, 신앙에서부터 자율성을 갖는 이성으로의 전환을 의미한다.

그럼 도대체 이런 구분이 가능한 근거는 무엇인가? 아퀴나스는 이성의 작업, 즉 철학의 고유한 정당성을 교회의 권위가 아닌 창조 질서의 본성에서 구했다. 하나님은 창조할 때 인간에게 이성을 부여했다. 따라서 이성이 자신에 근거해 사물을 이해할 수 있는 넓은 영역이 인간 이성에 주어져 있다. 하나님의 존재와 속성, 하나님의 창조와 섭리까지, 그리고 불멸하는 영혼의 존재와 윤리적 통찰까지 계시의 도움 없이 오직 이성에 근거해 알 수 있는, 또는 이성으로 '밝혀 드러낼 수' 있는 자연적 진리이다. 이런 진리의 이해는 '이해하기 위해 믿는다'는 아우구스티누스적 견해가 아니라 '믿기 위해 이해한다'는 아퀴나스의 견해에 따라 가능해진다.

이렇게 자연적 진리를 이성을 통해서 이해한다면 신앙이 하는 일은 도대체 무엇일까? 아퀴나스에 따르면 신앙은 좀 더 높은, 특히 계시된 진리를 수용하기 위해 필요하다. 성부와 성자와 성령의 하나님에 대한 삼위일체론, 나사렛 예수 안에서 하나님의 사람 됨에 대한 성육신, 태초와 종말, 인간과 세상의 타락과 구원의 신비 등이 그런 계시된 진리에 속한다. 이런 계시된 진리는 인간 이성의 인식 능력을 벗어난다. 이것은 오직 신앙으로만 이해할 수 있다. 합리적으로 증명할 수 없는 이런 초이성적 진리를 이성적으로 반증할 수 있는 자연적 진리와 혼동해서는 안 된다는 것이 아퀴나스의 생각이다. 그렇지만 아퀴나스는 신앙과 이성을 구별하면서 계시된 진리가 이성의 진리에 비해 진리로서 우선성을 지닌다는 중세 전체의 사유 기조를 그대로 지니고 있다.

믿음과 신앙을 구별하다

아퀴나스는 계시와 이성에 따른 서로 다른 종류의 지식을 구별하면서 둘의 역할을 혼동하면 안 된다고 주장했다. 이 경우에 신앙은 이성과 관련해서 어떤 위치를 차지하며, 어떤 역할을 할까? 이를 위해서 먼저 그가 이해하는 믿음과 신앙의 의미를 밝힐 필요가 있다. 아퀴나스에게 믿음과 신앙은 다른 것이다.

그런 아퀴나스에게 일반적인 믿음과 신앙의 차이를 구분한다는 것은 어떤 차이가 있을까? 믿음은 이성의 작용에 따른 것이지만, 신앙은 신의 은총과 관련된 것이다. 권위에 동의하는 일반적인 믿음은 확실성이 없지만, 신앙은 확신을 포함한다. 다시 말해 신앙을 갖는 것은 자신이 믿는 것을 자신의 이성으로 이해하거나 완전히 파악하지는 못할지라도 그것이 참된 것이라는 굳건한 확신을 가지고 동의하는 것을 의미한다. 그렇기 때문에 이성에 따른 학문적 동의와 신앙에 따른 동의는 다르다.

그런데 이렇게 의지가 개입하는 신앙에서의 동의는 이성에 따라 대상이 완전하고 충분하게 이해되는 학문에서의 동의에 비해 합리성이 결여되어 있다. 그렇지만 신앙에서 동의하게 되는 권위가 하나님이기 때문에 이성에 따른 합리적 동의보다 오히려 더 확실한 확신을 동반한다는 것이 아퀴나스의 주장이다. 이렇게 이성이 참이라고 인식했기 때문에 동의하는 것에 비해 신앙은 합리성의 측면에서는 열등한 상태일지 몰라도 신앙을 동의하는 근거가 진리의 원천인 하나님의 말씀이기 때문에 진리의 정도에서 결코 열등한 것이 아니다.

스콜라 신학의 정점에서 선 아퀴나스. 아퀴나스가 신구약성서 박사들 사이에 자리하고 있으며 그 아래 도덕, 자연철학, 인문학이 의인화되어 묘사되고 있다.

아퀴나스는 신앙과 이성에 따른 학문은 그것에 동의하게 되는 원인이 다르다는 점에서 서로 다른 종류의 지식이라고 지적한다. 그렇다면 하나님이 계시한 진리는 어떤가? 계시된 진리는 하나님이 직접 드러내 보여준 것이다. 이는 원칙적으로 이해의 대상이 아니라 믿음의 대상이다. 그것은 근본적으로 모든 사람의 신앙의 대상이기 때문에 어느 누구도 계시된 진리를 이성적이고 학구적으로 인식하지 못한다. 그렇기 때문에 아퀴나스는 제아무리 위대한 신학자라도 신앙으로 수용되는 계시된 진리에 대해 합리적인 방식으로 필연적인 증명을 제시할 수는 없다고 주장한다. 신앙의 진리가 합리적으로 증명된다면 그것은 더 이상 신앙의 대상일 수 없기 때문이다. 계시된 진리는 신앙을 통해서 은총으로 받아들여지는 것일 뿐이다.

이제는 계시된 영역을 담당하는 신학과 자연적 이성의 영역을 담당하는 철학이 어떤 관계가 있는지 살펴보자. 아퀴나스는 신학과 철학을 형식적으로 명확히 구별했다. 그는 계시된 진리를 다루는 신학에서부터 순수하게 합리적 본성이 있는 모든 필연적 증명을 배제한다. 그에 따르면 이성에 따른 합리적 증명의 영역은 이성의 자율적 영역이다. 이성의 영역은 철학의 영역이며, 철학의 문제는 철학적으로 다루어야 한다. 철학은 인간의 이해 능력에 적합한 방식, 즉 경험에서 출발한 합리적인 방식으로 앎을 추구하는 것이다. 철학뿐만 아니라 그 밖의 인문학은 오직 이성의 자연적 빛에만 의존한다. 말하자면 철학은 신앙의 초자연적인 빛이 없는, 인간의 이성에 따라 인식되는 원리를 수용해서 인간 이성이 추론한 결과인 결론을 논의할 뿐이다.

반면 신학은 확실히 인간 이성을 사용하기는 하지만, 권위 또는 신앙에 근거해서 자신의 원리를 계시된 것으로 받아들인다. 즉, 신학이란 계시된 진리에서 출발하여 그것을 전거로 모든 것을 신과의 관계 속에서 다루는 것이다. 이렇게 신학과 철학은 종류가 다른 지식이기 때문에 둘 중 하나가 다른 영역을 침범하는 것은 월권이다. 그는 어느 하나에 적합한 기능을 다른 것에까지 충족시키라고 요구하는 것 역시 부당하다고 주장한다.

비록 계시된 전제에서 시작하여 합리적으로 하나의 결론으로 논증해가는 철학적 방식은 스콜라 신학을 발전시키기는 했으나, 이것은 신학이 철학으로 되는 것을 의미하지는 않는다. 예를 들어 신학자들은 철학에서 채용한 범주와 추론 양식으로 삼위일체의 신비를 조금이라도 더 잘 이해하려고 시도할 수 있다. 그렇지만 그들이 신학자로서의 태도를 버리는 것은 아니다. 신학자들은 항상 계시하는 하나님의 권위를 받아들이기 때문이다. 하나님의 권위는 신학자들에게 이미 주어진 원리이며 신앙에 근거하여 받아들여진 계시된 하나의 전제이지, 철학적인 논증 끝에 얻어지는 결론이 아니기 때문이다. 나아가 철학자는 경험의 세계에서 출발하여 이성으로 피조물을 통해 알 수 있는 데까지 하나님을 논증해간다. 그렇지만 신학자는 자신을 계시한 하나님에서부터 출발한다. 철학에서 자연적인 방법은 피조물에서 하나님에게로 나아가는 것이지만, 신학에서 자연적인 방법은 오히려 하나님 그 자체에서 피조물로 나아가는 것이다.

따라서 신학과 철학의 근본적인 차이는 이렇다. 신학자는 자신의 원리를 계시된 것으로 받아들이고, 다루는 대상을 계시된 것이거나 계시된 것에서 연역할 수 있는 것으로 고찰한다. 반면 철학자는 자신의 원리를 이성으로만 이해하고, 자신이 다루는 대상을 계시된 것으로서가 아니라 이성의 자연적 빛으로 이해할 수 있고, 또 이해된 것으로 고찰한다.

그렇다면 이런 구별에서 신학과 철학은 완전히 분리될까? 그렇지 않다. 아퀴나스는 계시에 따른 신앙의 영역과 자연적 진리를 추구하는 이성적 영역이 구분하고, 신학과 철학의 영역이 구별했지만, 둘은 서로 완전히 분리되는 것은 아니다. 신학과 철학은 다루는 대상에서 차이가 있을 수도 있지만, 신학과 철학의 근본적인 차이가 구체적인 대상에 있는 것은 아니다. 어떤 진리는 그것이 계시되기는 했지만, 동시에 이성으로도 확정될 수 있다는 이유에서 신학과 철학 그 어느 쪽에도 공통되는 진리일 수 있다. 신앙과 이성이 공동으로 접근할 수 있는 공동의 영역인 것이다.

아퀴나스가 이해하는 신앙과 이성의 관계에서 한 가지 더 주목할 것은 바로 이 신학과 철학의 영역이 겹치는 부분이다. 중세는 이성이 신앙에 종속된 시대였다는 통념에 맞서기 위해 이제까지는 계시된 진리와 이성의 진리를 엄격하게 구별하여 설명했다. 하지만 그의 사상에서 더 중요한 것은 계시된 진리와 이성의 진리 양쪽에 모두에 걸쳐 있는 부분, 즉 '계시된 이성의 진리'라고 할 수 있는 영역이다.

이 영역은 인간이 자연 이성에 도달할 수 있는 가장 최고의 진리이면서 동시에 계시된 진리의 영역에서 보면 출발점이기도 한 하나님의 존재에 대한 지식을 말한다. 하나님의 존재는 신앙의 대상으로서 계시된 진리이지만 동시에 이성으로 접근할 수 있는 유일한 신학적 진리이기도 하다. 따라서 이 영역은 신학에서는 이성이 절대 접근할 수 없는 계시 신학revealed theology과 구별해서 자연 신학natural theology이라고도 한다.

자연 신학은 신학과 철학이 같은 진리를 각기 다른 방법으로 고찰하는 것이다. 즉 같은 진리를 신학자는 계시된 것으로 생각하고 철학자는 인간의 추론 과정의 결과로 생각한다. 예를 들어 철학자는 하나님을 창조자로서 논하고, 신학자도 하나님을 창조자로서 다룬다. 그러나 철학자의 경우 창조자로서의 하나님에 대한 인식은 순전히 이성적 논증의 결론으로 생겨나지만, 신학자는 하나님이 창조자라는 사실을 계시에 따라서 받아들인다. 따라서 이는 신학자에게 결론이라기보다는 하나의 전제이다. 이 전제는 가정된 것이 아니라 계시된 것이다. 즉 동일한 진리를 신학자나 철학자가 말하지만, 그것에 도달하는 방법과 고찰하는 방법은 신학자와 철학자가 다른 것이다. 신학과 철학을 그림으로 나타내면 다음과 같다.

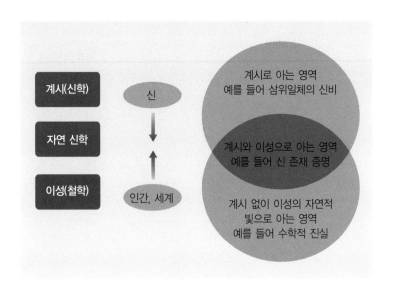

아퀴나스의 신학 사상 :
《이교도대전》과
《신학대전》

아퀴나스의 방대한 저작은 아래와 같이 다섯 범주로 나눌 수 있는데, 그 중에서 《이교도대전》과 《신학대전》을 통해 그의 신학 사상을 살펴보자.

① 대표적인 두 저작, 《신학대전》(Summa Theologiae)과 《이교도대전》(Summa contra Gentiles)

② 당시 유럽 대학에서 사용되던 표준적 신학 교재인 롬바르두스의 《명제집》과 성서에 대한 주해

③ 파리 대학과 이탈리아에서 그의 가르침을 보여주는 《토론문제집》(Quaestiones disputatae)

④ 교수 활동 중 제기된 문제에 대한 짧은 응답인 《소품집》(Opusculae)들

⑤ 교황 우르바노 4세(Urbanus IV, 1261~1264 재위)의 요청으로 편찬된 '성체 찬가'와 '주님의 성체와 성혈 대축일 미사 기도문' 등을 포함하고 있는 라틴 시집

아퀴나스는 1260년대에 《이교도대전》을 썼다. 이 책은 유대교도와 이슬람교도를 설득하려고 쓴 백과사전 같은 신학 입문서이다. 동시에 스페인과 시칠리아, 북아프리카에 있던 이슬람과, 유럽 그리스도교 내부에 있던 유대인, 그리스도교 이단에 직면해 있던 그리스도인을 위해 저술했다. 앞에서 지적한 것처럼 13세기에 문화적으로 앞선 이슬람교는 정치적이며 군사적인 위협일 뿐 아니라 지적, 정신적 도전이기도 했다. 그래서 이슬람 세계관에 맞서 신학적 대응이 필요했다. 이것에 기여하려 한 것이 《이교도대전》이다. 따라서 이 책은 호교론적·선교적·학문적 목적을 지니고 그리스도교의 신념을 총체적으로 조망한 것이다.

물론 아퀴나스는 자신이 믿는 하나님과 창조에 관해 계시의 도움 없이 이성이 독립적으로 파악할 수 있는 진리와 오직 성서와 교회의 가르침에 따라 주어진 신적 권위로만 증명할 수 있는 진리를 엄격히 구분한다. 그러나 이 책의 주목적이 비그리스도인을 설복하는 것이기 때문에 주로 자연적 이성의 차원에서 논증을 전개한다. 여기에서 교회와 성서 구절은 논의의 출발점인 전제로서가 아

아퀴나스가 유대교와 이슬람교를 설득하려고 집필한 《이교도대전》

니라 오직 도달된 결론을 확인하고 설명하기 위해서만 드문드문 사용될 뿐이다. 바로 이러한 점이 이 책의 특징이며 사상사적 중요성이다.

다시 말하면 이 책은 이슬람교도와 유대교도를 개종시키기 위해 쓰인 것으로 이들 중 아리스토텔레스 사상에 익숙한 사람들을 위해서 이교도와 같은 무기, 즉 철학이 필요했다. 이런 까닭에서 아퀴나스는 그리스도교적 전제를 배제한 채 철학적 논의를 전개했다. 여기에서 그는 아리스토텔레스에 관해 매우 포괄적인 지식을 보여준다. 즉 그는 그리스도교의 전제나 진리성을 인정하지 않는 이슬람교도나 유대교도를 논파하고 설득하기 위해 계시 대신 자연적 이성에 근거한 철학의 정교한 논법을 사용한다. 이 논의의 기본은 '자연적 이성'으로 논증된 '과학적 진리^{scientia}'는 계시의 진리, 즉 '신앙^{fides}'과 모순되지 않는다는 걸 보여주는 것이다.

1권에서는 대부분 하나님의 이성과 의지에 관한 유비적 진리

:: 이교도대전

《이교도대전》은 각 권이 백개 이상의 장으로 구성되어 있는 4권짜리 책으로 각 권의 주제는 다음과 같다. 1권에서는 계시의 도움을 받지 않은 이성으로 알 수 있는 하나님의 본성을, 2권에서는 피조계와 하나님의 창조를 설명했다. 3권에서는 이성적인 피조물이 하나님 안에서 행복을 찾는 방법을 해명하며 전반적으로 윤리 문제를 다루고 있고, 4권에서는 삼위일체, 성육신, 성사, 예수 그리스도의 권능에 따른 성인들의 부활 같은 그리스도교 교리를 담았다.

를 입증하려 했다. 아퀴나스는 두 번째 장에서 자신의 방법을 이렇게 설명했다.

이슬람교도와 이교도는 우리가 구약성서에 따라 유대교를 논박하고 신약성서에 따라 이교도를 반박하는 데 사용하는 성서의 권위를 수락하지 않는다. 그들은 어느 것도 받아들이지 않는다. 따라서 모든 사람이 동의할 수밖에 없는 자연 이성에 의존해야 한다.

그런데 아퀴나스는 신앙과 이성의 경계를 구분하면서 삼위일체나 성육신 같은 교리는 타고난 이성만으로 증명할 수 없고, 오직 계시로만 알 수 있다고 밝힌다. 자연 이성은 하나님에 관해 제한된 진리만을 알 수 있다는 것이다.

아퀴나스보다 앞선 사람들은 하나님에 대한 정의는 물론 하나님의 존재를 증명하려는 시도를 비판하고 거부한다. 하지만 아퀴나스는 사람들이 하나님의 존재가 자명하다고 믿는 이유는 어려서부터 하나님에 대해 익숙하게 들어왔기 때문이라고 지적한다. 그는 하나님의 존재는 자명하지 않으므로 증명이 필요하다고 생각하고, 아리스토텔레스의 《자연학》을 통해 두 가지 길고 어려운 증명을 끌어낸다. 그가 증명한 것은 하나님의 본성에 대한 다양한 진리인데, 하나님은 영원하고, 불변하고, 비물질적이며 모든 합성으로부터 자유롭다는 것이다. 이런 진리는 모두 본질적으로 부정적이라고 주장했는데, 하나님이 무엇과 같지 않다고 할 뿐 하나님의 본성에 관한 어떤 실제적 통찰을 제공하지 않기 때문이다.

이제 아퀴나스는 이와 달리 하나님을 주어로 하는 문장을 만들 때 우리가 무엇을 하는지 분명히 이해한다면 우리는 하나님에 관해 긍정적으로 말할 수 있다고 주장한다. 하나님의 선, 사랑, 지혜를 말할 때 우리는 그 말을 일의적으로도 아니고 다의적으로도 아니고 오직 유비적으로 사용한다. 언어를 유비적으로 쓴다면 하나님에 대해서 모든 진리, 모든 개별자, 과거·현재·미래의 모든 사건에 대한 하나님의 보편적 지식 등 많은 것을 말할 수 있다. 더 나아가 하나님의 권능과 자기 자신, 피조물에 대한 사랑도 말할 수 있다고 한다.

2권에서는 전능성 같은 하나님의 여러 가지 속성을 세계에 대한 하나님과의 관계 속에서 다루었다. 여기에서 아퀴나스는 하나님이 무無에서 세계를 창조한 원리를 다룬다. 이것은 유대교와 그리스도교 전통에서 나온 것으로 아리스토텔레스의 사상에서는 찾아볼 수 없다. 아퀴나스는 세계가 시간적 시작이 없는 상태에서 만들어졌다는 사실을 이성으로 증명할 수 있다고 믿었다. 원래 아리스토텔레스는 이 우주가 영원히 존재한다는 사실을 증명할 수 있다고 믿었지만 이에 반해 아퀴나스는 그리스도교가 세계 창조와 함께 시간 속에서 시작했다고 가르쳤기 때문에 세계의 영원성을 증명하는 근거에는 틀림없이 오류가 있을 것이라고 생각하고 많은 부분에서 이를 치밀하게 논박한다.

아퀴나스는 계속해서 인간 전체에는 개별적인 인간 영혼과는 다른 오직 하나의 단일 이성이 있다는 아리스토텔레스에 대한 아랍 철학자들의 해석을 반박한다. 실제로 2권의 대부분은 천사와 인간 영혼이라는 '이성적 실체'에 관한 주제를 다룬다. 아퀴나스는 천사를 어떤 육체와도 결합하지 않는 비물질적이고, 불변하며, 살아 있고, 자유로운 피조물이라고 생각한다. 마찬가지로 인간 영혼도 정신적으로 불멸하지만 개별적인 육체와 결합한다. 영혼은 단순히 육체의 옷을 입거나 육체에 갇히지 않고 한 육체를 자신과 같은 종류의 살아 있는 육체로 만드는 육체의 '형상'이다.

3권에서는 윤리 문제를 다루는데, 선악에 대한 논의에서 시작한다. 하나님은 탁월한 선이며 다른 모든 선의 근원이다. 그렇지만 하나님과 동등한 수준의 탁월한 악도 있을 수 없다. 악은 선과 같은 방식으로 존재하는 실재가 아니기 때문에 원인 없이 존재한다. 인간의 행복은 감각적 쾌락, 명예, 영광, 부, 세속의 권력에 있지 않으며, 기술이나 도덕적인 덕을 숙달하는 데서 찾을 수 있는 것도 아니다. 인간의 행복은 하나님을 아는 데 있다. 이는 이 세상에서 인간의 억측, 전통, 논의로 알 수 있는 하나님에 대한 지식이 아니다. 저세상에서 초자연적인 신적 계몽에 따라 알 수 있는 하나님의 본질에 대한 지식에서 찾을 수 있다. 50장부터 63장까지 아퀴나스는 이런 최고의 행복에 대한 인식을 다루면서 이 세상에서 이에 대한 가장 가까운 대응물은 아리스토텔레스가 행복이라고 단언했던 철학적 명상이라고 언급한다.

4권은 앞의 3권에 대응하는 세 부분으로 구성되어 있다. 4권 첫부분은 1권의 이성이 하나님 자체의 본성이라는 부분에 대응해서 신앙에서 하나님 자신의 삶으로 계시된 것, 즉 삼위일체론을 다룬다. 두 번째 부분은 2권 창조된 세계 내의 하나님의 활동에 대한 대응으로 하나님이 성육신으로 예수 그리스도를 이 세계에 보냈다는 것을 언급한다. 세 번째 부분인 3권은 인간의 삶의 목적과 자연법에 복종하면서 그 목적을 달성하는 방법에 대응해서 은총에 따른 육신의 부활과 하늘로 가는 죄인을 도우려는 교회의 성체 성사를 다룬다.

《신학대전》은 신학이라는 학문을 연구하려는 초심자를 위해 쓰인 체계적이고 요약적인 신학 해설서이다. 아퀴나스는 이 신학적 총론을 '거룩한 가르침' 전체에 관해 체계적 조망을 제공하려는 교회 내적·교육적·학문적 목적을 지닌 안내서로 계획했다. 이를 위해 다양한 이성적 논증을 전개하지만 원칙적으로 성서의 가르침과 그리스도교 신앙이 언제나 전제되어 있다. 그는 하나님에 관한 성서적이며 그리스도교적 표현을 '최고 존재', '존재 자체', '최대 진리', '최고선' 같은 그리스 철학의 개념을 사용해서 시대에 맞게 해석하려 했다.

:: 신학대전

《신학대전》은 모두 3부로 된 대작으로 1266년부터 1273년 사이에 쓰였다. 1부는 이탈리아에서, 2부는 파리에서, 3부의 대부분은 나폴리에서 기록했는데, 완성되지 않은 것을 아퀴나스가 죽은 뒤 제자들이 보완했다. 앞에서 자세히 언급한 것처럼 책의 구성은 많은 '물음(quaestio)'으로 이루어져 있고, 물음은 다시 '조항(articulus)'으로 세분된다. 각 항은 질문 형식으로 주제가 주어지고 여기에 대한 반론과 본문, 반론에 대한 응답 순서로 진행된다. 이러한 방법은 중세 대학의 독특한 수업 방식인 '토론(討論)'에 입각하여 구성된 체제이다.

1부는 '삼위일체와 하나님에서부터 모든 피조물의 발원'을 주제로, 유일신의 존재와 본질 그리고 창조, 천사 · 인간, 하나님의 세계 통치 등 주로 신론神論에 관련된 119조항으로 되어 있다. 이 첫 부분 119개 조항의 대부분은 《이교도대전》의 1~2권의 주장과 같다. 1부의 중요한 내용인 신 존재 증명은 다음 장에서 살펴본다.

∷ 니코마코스 윤리학
아리스토텔레스의 세 편의 《윤리학 강의안》 가운데 한 가지. 세계 최초의 체계적인 윤리학 저서로, 아들인 니코마코스가 편집했다. 모두 10권으로 되어 있다.

2부에서는 '이성적 피조물의 하나님을 향한 활동'을 다루는데, 인간론에 초점을 맞추어 189조항에 걸쳐 인간의 윤리적인 생활을 논의한다. 이것은 다시 1편과 2편으로 나뉜다. 1편에서는 인간의 최종적인 목적, 행위, 죄, 법 등 윤리와 도덕의 근본적인 문제를, 2편에서는 신앙, 희망, 사랑, 정의, 용기, 절제 등 특수한 덕德과 죄에 관해 논했다.

아퀴나스의 윤리에 대한 논의는 아리스토텔레스의 《니코마코스 윤리학Nikomachos 倫理學》의 구조를 따르고 있다. 2부 1편은 《니코마코스 윤리학》처럼 인간 삶의 궁극적인 목적을 살펴보는 데서 시작한다. 아퀴나스는 아리스토텔레스처럼 행복을 궁극 목적으로 보고 행복이 이성적 덕에 따르는 활동으로 이루어진다고 생각했다. 행복에 필요한 이성적 활동은 신의 본질에 대한 명상을 통해 완전하게 이룰 수 있다. 아퀴나스는 덕의 본성, 도덕적 덕과 이성적 덕의 구분, 덕과 감정의 관계에 대해서는 아리스토텔레스와 거의 같게 설명한다. 그렇지만 이어서 그리스도교적 주제인 믿음, 소망, 사랑이라는 신학적 덕에 대한 논의를 전개한다.

2부의 1편이 아퀴나스 윤리학의 일반적인 부분이라면, 2편은 도덕의 개별적인 주제에 대한 그의 자세한 가르침이다. 그는 각각의 덕을 차례로 다루면서 그것의 본성을 분석한 다음 이와 대립하는 죄를 열거한다. 먼저 신학적 덕과 그에 대응하는 죄를 논의한다. 신앙의 덕과 불신과 다른 종교를 믿는 죄와 그리스도교를 배신하는 죄, 소망의 덕과 절망과 억측의 죄, 사랑의 덕과 증오, 질투, 불화, 난동의 죄 등을 포함한다.

《신학대전》의 3부에서는 '인간의 길이 된 그리스도와 그를 통해 인간이 하나님에게 귀환하는 것'을 다룬다. 그리스도론을 비롯해 순수하게 신학적 문제를 180조항에 걸쳐 서술했다. 여기에는 성육신, 성모 마리아, 그리스도의 생애, 세례, 견진, 고백성사 등에 대한 논의를 포함한다. 아퀴나스가 3부를 완성하지 못하고 죽자 제자 피페르노의 레지날도 ^{Reginald von Piperno} 등이 아퀴나스의 다른 작품을 인용하여 신학상의 문제 90조항을 보완하여 펴냈다.

앞에서 말한 대로 아퀴나스는 《신학대전》에서 초심자들을 위한 완전한 '신학' 개요를 제시하려고 했다. 1부에서는 이런 목적을 잘 달성했다. 그러나 2부와 3부는 단순한 입문과는 거리가 멀다. 아퀴나스 자신이 이 두 부분을 저술하는 사이에 원숙한 사유 단계에 접어들었기 때문이다.

**신앙과 이성이
함께 하다**

아퀴나스에게 신앙과 이성은 계시와 합리적 인식을 통해 신학과 철학의 영역에서 각각 하나님을 인식하는 길이 열려 있다. 둘 다 하나님에 관해 아주 다른 방식으로 말한다. 즉 철학은 이성에 근거해 '아래로부터' 만물과 인간으로부터 출발하고, 신학은 신앙에 근거해 '위로부터' 하나님의 계시로부터 출발한다. 이러한 하나님 인식에 대한 이중의 가능성과, 하나님에 관한 진리의 두 가지 인식방법 때문에 신학과 철학은 구별되어야 한다.

아퀴나스에게 두 영역과 두 차원을 지닌 신학과 철학은 두 개의 층을 이룬다. 좀 더 고차원적인 확실성을 지닌 신앙의 층이 기초적이며 합리적인 다른 이성의 층보다 분명히 위에 있다. 그렇지만 이 둘은 서로 상충되지 않고 오히려 근본적으로 일치한다. 이성과 신앙, 철학과 신학은 서로 지탱해줄 수 있고, 또 그래야 한다는 것이 아퀴나스의 주장이다.

아퀴나스가 이렇게 이성적 신앙을 강조하고, 신학과 철학의 상호보완적 구도를 강조한 것은 신학에서 방법론적 전환을 가져왔다. 그것은 바로 실제적이고 경험적인 것으로의 전환, 합리적 분석으로의 전환, 학문적 탐구로의 전환이다. 또한 아퀴나스의 새로운 신학적 시도는 아우구스티누스 전통에 입각한 기존의 신학에 대한 몇 가지 재평가를 포함한다. 예를 들면 신앙에 대한 이성의 재평가, 성서의 우의적이며 영적 의미에 대한 문자적 의미의 재평가, 은총에 대한 자연의 재평가, 그리스도교 특유의 윤리에 대한 자연법의 재평가, 신학에 대한 철학의 재평가, 그리스도교적인 것에 대한 인간적인 것의 재평가 등이다. 이러한 재평가는 신앙과 이성이 종합에서 분리되는, 중세에서 근대로 이행하는 과정에서 근대성의 실마리 구실을 한다.

이러한 새로운 시도가 있었지만 아퀴나스는 어디까지나 중세적 인간이었다. 그에게 이성은 신앙보다, 자연은 은총보다, 철학은 신학보다, 국가는 교회보다 아래에 있다는 것이 분명한 사실이었다. 철학이나 다른 학문 같은 낮은 차원의 그 어떤 것도 높은 차원의 진리와 상충되어서는 안 되거나 상충될 수 없다. 우리는 이런 아퀴나스의 사유를 다음과 같이 나타낼 수 있다.

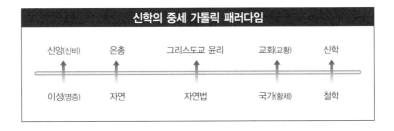

이런 틀을 갖는 아퀴나스 사상은 오늘날 로마 가톨릭교회에서 신토마스주의라는 이름으로 가장 강력하게 지적 영향력을 행사하고 있다. 물론 처음부터 이런 위치를 차지한 것은 아니다. 제1차 바티칸 공의회 이후 20세기에 들어설 무렵부터 로마 가톨릭의 가장 권위 있는 스승이 된 것이다. 1983년 로마 가톨릭의 새 교회 법전은 아퀴나스를 특별히 권장했다. 1993년 출간된 전통적인 《가톨릭교회》 교리서는 아퀴나스를 아우구스티누스(88번)와 요한 바오로 2세(137번)를 제외하고, 다른 모든 교회 사상가들보다 훨씬 많은 수(63번)를 인용한다.

신앙과 이성이 만나다

아우구스티누스와 아퀴나스는 서양 사상사라는 큰 맥락에서 보면 그리스도교라는 커다란 흐름 속에 위치하고 있다. 이들을 중세 그리스도교 신학자라는 한 범주로 묶을 수 있다. 각각 그리스-로마의 고전 문화와 만남을 통해 아우구스티누스는 중세의 시작에서 라틴 그리스도교의 토대를 세웠고, 아퀴나스는 중세의 절정기에 중세 스콜라 사상을 완성했다. 그런데 아우구스티누스와 아퀴나스가 그리스도교 사상이라는 큰 흐름의 연속선상에 위치하고 있지만, 몇 가지 점에서 둘의 차이를 서로 비교할 수 있다.

먼저 생애와 활동, 사상적 배경에서 두 사람은 서로 다르다. 아우구스티누스는 아프리카 출신으로 회심하고 그리스도교 사제가 되기 이전에 여러 종교와 사상을 섭렵했다. 그의 신학적 관심은 주로 사제로서 목회 현장과 밀접하게 관련되어 있다. 신플라톤주의를 그리스도교 신앙에 결합시켜 자신만의 독특한 신학

중세 신학의 중심에 자리한 아퀴나스.
왼쪽에 아리스토텔레스가 오른쪽에 플라톤이 있다.

적 사유의 틀을 형성하고, 고대 그리스도교 신학의 다양한 흐름을 하나로 묶었다. 그 결과 그는 로마 가톨릭교회의 패러다임을 확립하고 서방 라틴 신학의 아버지가 된다. 한편 아퀴나스는 일찍부터 그리스도교 전통에서 자라고 평생 대학에서 신학을 가르쳤다. 그는 아리스토텔레스 철학을 그리스도교의 가르침에 적용해 철학과 신학을 긴밀하게 결합시킨다. 그 결과 그는 중세 로마 가톨릭의 패러다임을 완성하게 된다.

또한 신앙과 이성의 관계에 대해 이 둘은 서로 다른 입장을 취하고 있다. 두 사람 모두 신학에서 이성을 사용하는 것에 대해 긍정적인 태도를 취했다. 그렇지만 이 두 사람이 신앙과 이성의 관계를 바라보는 데에는 미묘한 차이가 있다. 아우구스티누스가 자신의 사유에서 모든 학문을 궁극적으로는 신학에 소급시킨 것과 달리 아퀴나스는 신학과 철학의 두 영역을 구분하면서 자신의 사상을 전개했다.

　아우구스티누스는 신학 작업에서 이성을 무시하지 않고 인식의 최종 단계인 '하나님을 봄'에 이르기까지 의지에 따른 '믿음'이 아닌 지성에 따른 '앎'을 궁극 목표로 세웠다. 인식론적 측면에서 볼 때 신앙과 이성을 일직선상에 같이 둠으로써 그는 신앙과 이성의 '조화'보다는 신앙과 이성의 '통일'을 시도했다. 일반적으로 아우구스티누스는 '이성에 대한 신앙의 우위'를, 아퀴나스는 '신앙과 이성의 조화'를 추구한 것으로 구분된다. 그렇지만 아우구스티누스가 말하는 신앙의 우위는 신앙의 '우월 primacy'이 아니라 진리를 인식할 때 신앙이 '먼저'라고 말하려는 것이다. 그는 이해하기 위해 믿는 것을 강조하면서 신앙과 이성을 하나로 묶고자 했다.

　아퀴나스는 아우구스티누스와 달리 신앙과 이성을 구별하면서 둘의 조화를 시도한다. 그는 이성을 철학의 영역으로, 믿음을 신학의 영역으로 구분한다. 그에게 이성과, 오직 신앙만이 접근할 수 있는 계시는 서로 다른 영역이었다. 그렇지만 아퀴나스는 자연적 이성을 통해 인식되는 철학적 진리는 신앙과 모순되지 않으며 신앙과 조화를 이룰 수 있다고 보았다. 그는 계시와 관계되는 문제가 아니라면 이성이 자율적으로 활동할 수 있는 이성의 권리를 확보하고자 한다. 아퀴나스에게 신앙과 이성은 인간이 진리를 탐구하는 과정에서 두 가지 측면 또는 두 가지 존재 양식으로 하나의 탐구 안에서 종합되고 통일되었다. 이런 방식으로 신앙과 이성이 종합되는 것이 중세 스콜라주의의 핵심이다. 중세 사상의 특징이라고 할 수 있는 이런 방식의 신앙과 이성의 결합이 무너지고 신학과 철학이 분리되면서 중세는 마감되고 근대가 시작된다.

	아우구스티누스	아퀴나스
위상	서방 라틴 신학의 아버지	중세 서방 신학의 완성자
출신 배경	5세기 북아프리카 출신	13세기 이탈리아 출신
활동	북아프리카 히포의 주교	프랑스와 이탈리아에서 대학 교수
사상 배경	바울 신학 + 플라톤주의	아우구스티누스 신학 + 아리스토텔레스 철학
인식의 방향	위로부터의 인식	아래로부터의 인식
신앙과 이성	알기 위해 믿는다 (이성에 우선하는 신앙)	믿기 위해 이해한다 (이성을 전제로 한 신앙)
신학과 철학	신학으로 소급 (신앙과 이성의 통일)	신학과 철학 구분 (신앙과 이성의 조화)

**하나님
존재 증명**

아우구스티누스와 아퀴나스는 각자의 삶의 자리가 다르고, 역할이 다르고, 그들이 해결하고자 하는 과제가 달랐지만 그리스도교 세계관을 공유하고 있었다. 그리스도교의 신앙적 세계관에서 하나님은 세계의 시작이자 끝이며, 중세 체제의 토대이고 핵심이었다. 이런 신앙적 세계관 아래서 아우구스티누스와 아퀴나스의 관심사는 하나님과 세계와 인간이었으며, 이것들은 모두 하나님으로 귀결되었다. 즉 세계도 하나님이 창조한 세계였으며, 인간도 하나님이 만든 피조물이면서 동시에 하나님의 형상^{Imago Dei}을 지닌 존재였다. 이들의 학문적 작업은 모두 하나님에 대해 하나님과 관련된 것이었다.

그렇다면 아우구스티누스와 아퀴나스의 하나님에 대한 논의에서 이성의 역할이나 합리적 추론은 어떤 위치를 차지하고 있을까? 일반적으로 중세 사유에서 진리를 추구하는 목적이나 계기는 신앙에서 비롯되지만, 이성은 진리를 추구하는 과정에서 중요한 역할을 하며 활발하게 작용한다. 진리 추구에서 이성의 긍정적 역할은 중세 그리스도교 사상의 핵심이었으며, 이성이 신앙과 결합하는 대표적인 사례가 '하나님 존재 증명'이다.

그리스도교 사상가들은 전통적으로 자신들의 신앙을 옹호하면서 하나님의 존재를 증명하기 위해 노력해왔다. 이를 위해서 대부분은 합리적 방법을 사용했으며, 필요에 따라 철학을 인용하기도 했다. 아우구스티누스나 아퀴나스도 이런 흐름에서 예외는 아니다. 그런데 각각 제시한 하나님 존재 증명에는 접근

하나님과 인간의 모습을 나타낸 작품들

방식에서 차이가 있다. 일반적으로 말하면 아우구스티누스의 하나님 존재 증명은 신앙을 중시하고 인간의 사유에서 출발하는 선험적인 '존재론적 증명'이며, 아퀴나스의 하나님 존재 증명은 경험을 중시하고 현실 세계에서 출발하는 후험적인 '우주론적 증명'이다. 이것은 아우구스티누스에서 아퀴나스에 이르는 중세의 하나님 존재 증명의 출발점이 사유에서 경험으로 변하는 것을 의미한다. 또한 신앙과 이성의 관계에서 무게 중심이 신앙에서 이성으로 바뀌고 있다는 것을 시사한다. 이제 아우구스티누스와 안셀무스, 아퀴나스의 하나님 존재 증명을 통해서 중세의 신앙과 이성이 어떻게 결합되고 어떤 흐름을 보이는지 살펴보자.

아우구스티누스의 하나님 존재 증명

하나님의 존재 문제는 아우구스티누스가 가장 신중하게 지속적으로 다룬 문제이다. 그의 하나님 존재 증명에는 두 가지가 있다. 하나는 '영원한 진리와 사유로부터의 증명'이며, 다른 하나는 '피조물과 일반적인 동의로부터의 증명'이다. 우리가 기억해야 할 것은 아우구스티누스가 일반적으로 즐겨 제시하는 하나님 존재 증명은 어디까지나 전자이며, 후자는 이 증명을 보조하는 역할에 그친다는 점이다. 이것은 아우구스티누스의 하나님 존재 증명은 그 무게 중심이 이성보다는 신앙에 기울어져 있다는 것을 의미한다. 하나씩 살펴보자.

아우구스티누스의 첫 번째 하나님 존재 증명은 '영원한 진리와 사유로부터의 증명'이다. 이 증명은 하나님의 존재를 외부 사물로부터 증명하는 것이 아니라 '안으로부터' 증명하는 것으로, 두 가지 핵심적인 전제를 지닌다. '필연적이고 불변하는 진리가 있다'는 것과, '인간 정신은 이 필연적이고 불변적인 진리를 파악한다'는 것이 바로 그것이다.

이 증명에 의하면 만약 그런 영원불변의 진리가 존재한다면 정신은 그 진리를 받아들여야만 한다. 왜냐하면 진리가 정신보다 못하다면 정신은 진리를 바꾸거나 수정할 수 있기 때문이다. 또한 정신과 진리가 동등하거나 같은 성질의 것이라면 진리 그 자체는 정신이 변하듯이 변할 것이다. 따라서 영원불변한 진리는 마땅히 정신보다 우월하고 초월해 있다. 이렇게 진리가 인간 정신을 초월해 있기 때문에 정신은 이 진리를 만들 수도 수정할 수도 없다. 오히려 이 진리가 정신의 사유를 규제한다는 것을 인정할 뿐이다.

아우구스티누스에게 하나님의 존재 문제는 '인식'의 문제와 밀접한 관계가 있다. 좀 낯이 익지 않은가? '조명설'을 기억하는가? 영원불변한 진리인 하나님, 빛 그 자체인 하나님이 인간 정신에 자신의 빛을 비추어 인간은 하나님과 진리를 인식할 수 있다는 견해 말이다. 인간이 하나님의 진리를 인식할 수 있는 까닭은 하나님이 인간의 정신에 빛을 비춰주었기 때문이라는 견해이다. 같은 방식으로 진리가 먼저 존재하고 그것을 인식하는 정신이 존재한다. 따라서 하나님의 존재 증명은 정신보다 우월한 영원불변한 진리로부터 출발한다.

이렇게 아우구스티누스는 보고 만지고 느낄 수 있는 사물의 존재를 증명하는 방식으로 하나님의 존재를 증명하지 않았다. 우리 마음이 오감을 통해서 사물을 인식하고 포괄하듯이 하나님을 그렇게 증명할 수 있다고 보지 않은 것이다. 하나님은 시간과 공간을 초월하기 때문에 하나님은 우연히 존재하는 어떤 사람이나 사물이 아니다. 하나님은 존재 자체이고, 모든 유한한 존재자의 근원이다. 영원한 진리로서 하나님은 우리의 사유나 정신의 의사소통에 앞서 이미 전제되어 있는 것이다. 영원하고 필연적인 진리의 근원인 하나님에 대한 이 논증은 아우구스티누스 학파로, 특히 안셀무스로 이어지며, 근대에는 라이프니츠^{Gottfried Wilhelm Leibniz, 1646~1716} 같은 여러 사상가들에게 다시 나타난다.

아우구스티누스에게 다른 종류의 하나님 존재 증명이 있는데, 이를 '피조물과 일반적인 동의로부터의 증명'이라고 할 수 있다. 이 두 번째 증명은 아주 드물게 사용되며 첫 번째 증명의 보조 역할에 그친다. 《신국론》에서 그는 '피조물', 즉 세계와 보이는 모든 것들의 질서, 배열, 아름다움, 변화, 운동은 표현할 수 없을 만큼 위대하고 아름다운 하나님에 의해 만들어졌다고 밝힌다. 이것은 우주 현상과 질서 속에서 하나님의 존재를 확인할 수 있다는 '우주론적' 또는 '자연신학적' 논증의 선구이다. 그런데 아우구스티누스는 이 증명에서 체계적인 하나님의 존재 증명을 제시한다기보다는 오히려 그리스도인에게 하나의 사실을 연상시키려고 한다. 그는 하나님이 피조물을 창조하고 보존한다는 사실과 그 필연성을 말하며, 이것을 철학적으로 증명하기보다는 이미 인정되는 사실을 자신의 독자들에게 깨닫게 하려고 한다.

또한 그는 '일반적인 동의'에 의해 하나님의 존재를 증명하고자 했다. 참된 하나님의 능력은 이성적인 피조물이 그 이성을 사용할 경우에 드러날 수밖에 없다는 것이다. 이런 사실에서 인류는 하나님이 세계의 창조자라고 인정하고 있다. 어떤 사람은 다수의 신들이 존재한다고 믿기도 하지만, 그 경우에도 아우구스티누스는 그 '신들의 신'을 상정할 수 있으며, 우리는 그 분이야말로 "그 이상으로 뛰어나고 고귀한 것이 존재할 수 없는 어떤 것"이라고 생각할 수 있다고 강조했다. 하나님 존재에 관한 아우구스티누스의 이런 말은 안셀무스의 '존재론적 증명'에서 하나님에 관한 보편적인 관념으로서, '그 이상으로 큰 것은 생각할 수 없는 것'과 밀접하게 관련되어 있다.

그런데 이 증명 역시 하나님 존재 증명에서 주 역할을 하는 것이 아니라 일정한 한계 내에서 제시되고 있다. 이런 사례는 아우구스티누스의 〈시편〉 73편 주석에서 잘 나타난다. 그는 "창조의 업적을 보고도 창조자를 알지 못했을까?"라고 질문하면서 하나님의 활동 결과에서부터 하나님의 존재 증명을 말하지만 증명 자체를 위해서 제시하는 것은 아니다. 그는 성서 해설 가운데 그 증명을 주석의 형식으로 제시하고 있을 뿐이다.

이렇게 볼 때 아우구스티누스의 하나님 존재 증명은 학문적 의미에서 전개한 합리적 증명이라기보다는 암시하거나 연상시키는 간략한 서술이라고 할 수 있다. 그가 하나님 존재 증명에서 보여준 태도는 합리적이라기보다는 근본적으로 종교적이며 영성적이다. 아우구스티누스의 관심은 어디까지나 하나님이 존재한다는 것을 무신론자에게 증명하기보다는 오히려 영혼이 자기 자신 안에서 체험할 수 있는 하나님, 즉 살아 있는 하나님을 모든 피조물이 어떻게 나타내는지 설명하는 데 있었다. 그가 흥미를 가진 것은 하나님을 향한 영혼의 역동적인 태도였지, 순수 이론적인 결론을 지닌 변증법적 논증을 구성하는 것은 아니었다. 그가 보기에 최고 존재가 있다는 것을 순수하게 지적 동의로 인정하기보다는 그 진리를 몸소 느끼게 하는 것이 더 중요한 일이었다.

결국 아우구스티누스에게 하나님의 존재 증명은 이성의 문제가 아닌 신앙의 문제였다. 이성은 이러한 유일한 진리에 다가가도록 도와주는 역할만을 한다. 아우구스티누스의 유명한 명제인 "이해하기 위해 믿는다"가 이런 의미이다. 이 말의 뜻은 분명이 믿음(신앙)이 최종 목적이고, 앎(이성)은 믿음을 위해서 필요한 조건이나 수단에 불과하다는 것이다. 이런 관점에서 이성은 항상 신앙과의 관련 속에서만 의미를 갖는다. 이제 그의 하나님 존재 증명이 안셀무스에게 어떻게 전달되고, 신앙과 이성의 관계가 어떻게 전개되는가를 살펴보자.

안셀무스는 이탈리아 출신으로 베네딕트 수도회 수사였으며 캔터베리 대주교를 역임했다. 그는 《모놀로기온Monologion》과 《프로슬로기온Proslogion》을 대표작으로 남겼으며, '스콜라 철학의 창시자' 또는 '스콜라 철학의 아버지'라고 한다. 그는 아우구스티누스에게 많은 영향을 받았다. 《모놀로기온》의 서론에서 아우구스티누스를 스승으로 언급하면서 이 책이 그의 《삼위일체론》과 비슷하다고 밝히고 있다. 그가 아우구스티누스의 영향을 많이 받

◀◀스콜라 철학의
아버지 안셀무스와
◀《프로슬로기온》

앗다는 점에서 아우구스티누스를 거쳐 플라톤이나 신플라톤주
의 영향을 받았다고 할 수 있다.

안셀무스의 하나님 존재 증명의 논조는 객관적으로 하나님을
입증하려는 것보다 하나님께 대한 고백에 가깝다. 그가 하나님
의 존재에 대해 토론하지만, 먼저 하나님께 기도하며 보이지 않
고 선험적으로 알지 못하는 하나님을 가르쳐달라고 호소하면서,
사람이 지성을 가지고 있기 때문에 제기되는 질문들을 해명해주
기를 간구하면서 논증한다. 이런 사상은 아우구스티누스의《고
백록》이나《독백》의 어조와 같다. 둘 다 객관적인 하나님의 존
재를 질문하지 않고 하나님이 친히 그 모습을 드러내주기를 기
도로써 간곡히 요청하기 때문이다. 이런 까닭에 안셀무스를 아
우구스티누스와 같은 범주에 넣을 수 있으며, 그를 제2의 아우
구스티누스라고도 한다.

그런데 안셀무스의 하나님 존재 증명은 신앙과 이성의 관계가
전환기에 들어선 것을 보여준다. 그의 하나님 존재 증명은 아우

구스티누스 전통의 신앙고백적 성격이 강하다. 그렇지만 동시에 이성을 강조하면서 순수하게 합리주의적으로 증명하는 방식은 새로운 흐름이 본격적으로 등장하는 신호탄 역할을 한다. 변화의 배경을 들여다보자.

안셀무스가 살았던 11세기 이전까지 중세 사회에서 가장 중요한 권위는 성서나 교회의 가르침에 근거한 신앙이었다. 신앙에 비해 이성은 부차적인 것으로 신앙의 보조적인 역할을 했다고 할 수 있다. 이성 스스로 아무런 고유한 기능을 갖지 못하고 오직 신앙과 함께 교회의 권위에 종속되는 것으로 생각되었다. 그런데 11세기에 들어와 그리스 철학, 특히 아리스토텔레스 사상의 수입으로 인해 변화가 시작되었다. 신학 안에서 이성을 강조하는 경향이 나타난 것이다. 이 당시 한쪽에서는 '이성은 신앙에 완전히 독립적'이라고 강조하는 반면, 다른 쪽에서 '이성은 신학의 시녀일 뿐이다'라고 주장했다. 이런 양자의 극단적인 입장에 반대해서 두 견해를 조절하고 조화를 시도하는 중간적인 새로운 입장이 등장했다.

:: 프로슬로기온

안셀무스는 'Proslogion'이라는 말을 '하나님께 대하여 말한다'는 의미로 사용했다. 내용상 1부(2~4장)는 하나님의 존재를 다루고, 2부(5~26장)는 하나님의 본질을 다루고 있다. 안셀무스는 책을 다 쓴 뒤에 '지성을 추구하는 신앙'이라는 표제를 붙였다. '프로슬로기온'이라는 이름은 출판할 때 붙인 것이다.

안셀무스는 이런 입장을 적극 수용하면서 신앙과 이성이 서로 보완적인 관계를 갖는다고 생각했다. 그는 이를 간략한 명제로 "신앙을 선행하지 않는 것은 교만이다. 그리고 이성에 호소하지 않는 것은 태만이다"라고 표현했다. 신앙적인 요소들을 신앙만으로 해명하고자 하는 것이 아니라 가능한 한 이성으로 이해하려고 했으며, 동시에 이성을 통해 신앙을 정당화하려고 했다.

안셀무스에게 신앙과 이성의 관계는 '신앙적 이성 또는 이성을 추구하는 신앙 ratio fidei, fides quaerens intellectum' 이다. 그는 그리스도교와 신앙의 권위가 갖는 가치를 분명히 전제하고 있다. 실제로 《프로슬로기온》의 모든 대화는 신앙으로 출발하여 이성에 이른다. 그는 신앙의 근거 위에서 하나님 존재를 이성적이고 논리적인 방식으로 증명하려고 시도했다. 그는 신앙이 제시하고 있는 것을 이성이 독립적이며 자발적으로, 즉 신앙적인 권위의 도움 없이 정립하고자 한다. 즉 그는 전제된 신앙을 이성의 도움을 받아서 명확하게 이해하고 증명하려고 했다. 안셀무스의 이야기를 들어보자.

> 증명 방식에는 전혀 신앙적인 서적의 권위에 의존하지 않고, 개별적인 연구에 의해 결론을 이끌려고 하며, 분명한 서술 양식과 공통적으로 이해 가능한 논증들과 명확한 설명과 이성적인 사유의 필연성을 짧고 명확하게 제시함으로써 진리의 명백성을 드러낸다.
>
> 《모놀로기온》

안셀무스의 존재론적 하나님 증명

안셀무스의 하나님 증명은 칸트가 이름 붙인 '존재론적 하나님 증명'이라는 이름으로 잘 알려져 있다. 존재론적 하나님 증명은 《프로슬로기온》의 2~4장에서 논의된다. 안셀무스는 하나님의 관념이란 '그것보다는 더 큰 것을 생각할 수 없는' 그런 완전한 존재의 관념이라고 생각했다. 그래서 누구든지 하나님에 대한 관념을 가지고 있으며 하나님을 이해하고, 동시에 하나님이 실제로 존재하는 것을 부정할 수 없다는 결론을 내린다. 여기에서 하나님의 실존은 자명한 것이다. 안셀무스의 하나님 증명의 구조는 다음과 같다.

안셀무스의 하나님 존재 증명

① 보통 사람들은 하나님이 "그것보다 더 큰 것을 생각할 수 없는 어떤 것"임을 인정한다.

② 최고로 큰 존재는 인간 정신의 사유 대상이면서 동시에 실제로 존재해야만 한다.

③ 왜냐하면 하나님이 단지 사유의 대상으로만 존재한다면 우리는 사유의 대상이면서 실제로 존재하는 더 큰 존재를 다시 생각할 수 있기 때문이다.

④ 만약 이렇게 된다면 하나님은 "그것보다 더 큰 것을 생각할 수 없는 어떤 것"으로서의 최고의 존재가 될 수 없기 때문이다.

⑤ 따라서 하나님은 단지 사유의 대상으로만 존재하지 않고, 실제로도 존재해야만 한다.

안셀무스의 증명은 같은 시대의 수도사 가우닐로^{Gaunilo} 등에게 비판받게 되며, 뒤에는 아퀴나스나 칸트 같은 사상가들에게 비판적으로 논의된다. 안셀무스의 증명은 관념적이고 논리적인 질서에서 현존하는 존재의 질서로 나아간다는 특징이 있다. 정신 안에서 개념의 분석을 통해 정신 바깥의 실제적인 존재에 도달할 수는 있다는 것이다. 그런데 이런 비약, 즉 '사유되는 것이 바로 현실에서 존재한다'는 비약이 비판을 받는다. 비판의 핵심은 이렇다. 개념에서 존재를 도출하는 것이 정당화될 수 있는가?

예를 들면 우리가 상상 속에서 해리 포터의 '호그와트 마법학교'를 생각할 수 있다고 해서 그 마법학교가 실제로 존재한다고 말할 수 없듯 하나님에 대한 관념도 이와 마찬가지이다.

특히 가우닐로는 《어리석은 자를 위한 책》에서 안셀무스의 논증을 두 가지 측면에서 비판한다. 첫째, 그는 아무도 마음속에 하나님의 관념을 가질 수 없다고 주장한다. 왜냐하면 하나님은 인간이 상상할 수 있는 유한한 존재와는 다른 존재이기 때문이다.

둘째, 존재란 그것이 무엇이든지 단지 사유 속의 개념으로부터 추론해서는 안된다고 주장한다. 하나님 관념으로부터 하나님 존재가 증명된다면 사유는 가능하나 증명될 수 없는 존재들도 증명되어야 한다는 것이다. 그는 이것을 '사라진 섬'의 예를 들어 안셀무스의 논증을 비판한다. 우리는 '다른 어떤 섬들보다도 뛰어나며 그것보다 더 나은 것을 생각할 수 없는 사라진 섬'에 대해 확실한 관념을 가질 수 있다. 그렇지만 그것이 사라진 섬의 현존, 즉 실제로 존재함을 증명하는 것은 아니라는 것이다. 그

섬은 단지 우리의 사유 속에서만 상상으로 존재하는 것이지, 상상력 밖 실제 세계에는 존재하지 않는다는 것이다.

칸트도 가우닐로와 비슷한 맥락에서 안셀무스의 하나님 존재 증명을 비판한다. 그는 초월적 존재의 유무에 대한 판정은 우리의 인식 능력을 벗어난 문제이기에 이 논증이 불가능할 뿐만 아니라 무의미하다고 보았다.

또한 그는 가능적 크기가 현실적 크기와 같다고 하더라도 실재성을 결여하고 있다는 점에서 분명히 차이가 있다고 보았다. 칸트의 경우 관념상의 것은 실질적인 것과 구별된다. 예를 들어 어떤 사람이 생각으로 자기 주머니 속에 1백만 원이 있다고 생각한다고 해서 현실적으로 1백만 원이 존재한다는 실재를 증명할 수 없는 것이다. 그는 안셀무스의 존재론적 논증이 무가치한 논법이라고 반박했다. 존재론적 하나님 존재 증명이 인과론적 하나님 존재 증명이나 우주론적 하나님 존재 증명보다 못하다고 한 것이다.

첫 번째 반박에 대해 안셀무스는 존재론적 논증이 단지 하나님에게만 유효하다고 주장한다. 왜냐하면 하나님에 대한 관념 자체는 "그것보다 더 큰 것을 생각할 수 없는 어떤 것"이라는 개념을 필연적으로 함축하고 있기 때문이다. 말하자면 "그것보다 더 큰 것을 생각할 수 없는 어떤 것"이라는 개념의 의미는 하나님이라는 단어의 의미와 동일하기 때문에 모든 사람이 마음에 하나님을 생각한다는 것이다.

두 번째 반박에 대한 답변은 첫 번째 반박에 대한 답변과 연관된다. "생각 속에 있는 것이 실제로 존재한다고 할 수 없다"는 둘째 반박에 대해 그것이 일반적으로 사실임을 인정했다. 그러나 일반적인 사실의 예외가 하나 있는데, "그것보다 더 큰 것을 생각할 수 없는 어떤 것"이라는 개념이다. 만일 누군가 "그것보다 더 큰 것을 생각할 수 없는 어떤 것"이라는 개념이 오직 마음속에만 존재한다고 주장한다면 실제의 대상을 가리키는 생각을 떠올리는 것은 가능한 일이라고 한다. 그리고 그것은 곧 "그것보다 더 큰 것을 생각할 수 없는 어떤 것"을 의미하는 것, 즉 하나님을 의미하는 것이라고 한다.

안셀무스의 '하나님 존재 증명'은 그 논증의 유효성 문제와 별개로 신앙과 이성의 문제에서 중요한 의미를 지닌다. 안셀무스는 오직 이성만을 최고의 진리인 하나님 인식의 출발점으로 상정했다. 하나님을 증명하는 데 있어 '오직 인간의 건강한 이성 외에는 아무것도 전제 조건이 될 수 없다'는 안셀무스의 하나님 논증의 출발점은 이성의 재평가를 잘 보여준다. 이것은 이성이 당시의 철학과 신학에서 중요한 역할을 담당하게 되었음을 의미한다.

아퀴나스의 하나님 존재 증명

아퀴나스의 하나님 존재 증명에 관한 논의를 살펴보자. 아퀴나스는 《신학대전》에서 하나님의 관념 또는 '하나님'이라는 용어를 정의하는 것에서 출발하여, 하나님이 존재한다고 결론 내릴 수 있다는 안셀무스의 존재론적 논증을 배격했다.

아퀴나스는 '하나님의 존재가 인간 정신에 자명한 것인가?'

라는 문제에서 출발한다. 그
는 안셀무스와 달리 하나님의
존재를 입증하기 전에 먼저
하나님이 실제로 존재한다는
사실이 자명한지 살펴볼 필요
가 있다고 주장한다. 하나님
의 실존이 자명한 것이라면
입증할 필요가 없기 때문이
다. 만일 우리가 하나님의 본
질을 직관할 수 있다면 하나
님의 존재를 부인할 수 없을

기하학적 원리에 따라 세계를 창조한 하나님

것이다. 왜냐하면 아퀴나스의 주장에 따르면 하나님의 본질과
실존 사이에는 아무런 실제적인 구별이 없기 때문이다. 이런 뜻
에서 '하나님은 존재한다'는 명제는 '그 자체로' 자명하다. 아
퀴나스에 따르면 우리는 이런 직관을 전혀 가지고 있지 않으며,
'하나님이 존재한다'는 명제는 '인간 정신'에 자명한 것도 분석
적인 것도 아니다.

 아퀴나스는 하나님의 실존이 자명하지 않지만 증명이 가능한
것이라면 그때 비로소 하나님의 실존을 증명할 수 있다고 한다.
그는 하나님의 실존을 증명하는 방법으로 두 가지를 제시한다.
하나는 '원인'을 통한 증명 방식이며, 다른 하나는 '결과'를 통
한 증명 방식이다. 그런데 하나님의 존재는 절대로 '원인을 통해
서'는 증명될 수 없다. 왜냐하면 하나님은 원인을 갖지 않기 때
문이다. 하나님의 실존은 우리에게 아주 자명한 '결과를 통해서

만' 증명될 수 있다. 어떤 결과가 실제로 존재한다는 것은 그것이 어떤 것이든지 그 결과를 설명하고, 그 결과가 실존하게 된 원인이 있다는 것을 입증해준다. 그러므로 하나님의 실존은 자명한 것은 아니지만 자명한 결과를 통해 입증될 수 있다.

하나님의 존재가 인간 정신에 대해 자명한 진리라는 것을 인정하지 않는 이런 주장은 아퀴나스 사상이 '경험주의적' 측면을 중시하는 입장임을 보여준다. 우리의 인식은 감각적인 경험으로 시작된다. 우리가 보이는 세계를 초월하는 존재 또는 모든 존재에 대해서 가지는 자연적인 인식은 경험적으로 주어진 것에 관한 성찰의 결과이다. '하나님은 존재한다'는 명제를 증명하는 것은 이런 성찰의 과정이다.

아퀴나스는 결국 아리스토텔레스적인 전통에 따라 하나님의 존재를 후험적인 방법으로 증명하고자 했다. 그래서 선험적인 방법으로 하나님을 증명하고자 하는 안셀무스의 주장을 거부했

하나님 존재 증명 방식의 차이		
	안셀무스	아퀴나스
논지	하나님 스스로 우리에게 알려진다.	우리가 하나님 존재를 알게 된다.
하나님 존재	인간 정신에 자명하다.	정신에 자명하지 않지만 증명 가능하다.
논증 방향	내부로부터, 원인인 하나님으로부터	외부로부터, 결과인 세계로부터
논증 출발점	'하나님'이라는 개념 정의	인간의 감각적 경험과 사물
논증 방식	선험적 방법 : 존재 → 사물	후험적 방법 : 사물 → 존재
논증 성격	존재론적 증명	우주론적 증명과 목적론적 증명

다. 즉 그는 하나님의 존재가 "스스로에 의해" 알려진다는 존재론적 유형을 거부하고, 하나님의 존재는 "우리에 의해" 알려진다는 아리스토텔레스적인 우주론적이고 경험론적 방법을 신뢰하고 있는 것이다. 그는 보이는 세계의 질서, 배열, 아름다움 등에서 하나님의 존재를 증명하고자 한다.

아퀴나스가 밝히는 하나님 존재 증명의 다섯 가지 길

그렇다면 아퀴나스는 어떻게 경험주의적 측면에서 하나님의 존재를 증명하는가? 그는 하나님의 실존이 '다섯 가지 길quinquae viae'로 입증될 수 있다고 말한다. 이 다섯 가지 길은 《신학대전》에서 한 항목을 차지하지만, 전체 항목 가운데 가장 논란이 심하고 오해를 불러일으킨 부분이다. 이 다섯 가지 길은 형식적인 측면에서 볼 때 각각의 증명은 다른 것에서 구분되고, 하나하나가 독자적으로 증명의 효과를 지니고 있다. 아퀴나스는 플라톤과 아리스토텔레스 같은 이방인도 그 '길'을 통해 참된 하나님의 실존에 이를 수 있다고 확신했다. 이제 그것들을 하나씩 살펴보자.

아퀴나스가 '가장 명백한 길'이라고 하는 첫 번째 길은 우주 안에서 경험되는 운동에 대한 감각적 사실에서 출발한다. 이 증명은 아리스토텔레스가 처음 사용했고, 중세 유대 철학자인 마이모니데스Moses Maimonides, 1135~ 1204 •와 아퀴나스의 스승 대 알베르투스도 사용했다.

이 증명의 논지는 이렇다. 우리는 세상의 사물이 움직이고 있

∷ 마이모니데스

유대 철학자, 의사로 아리스토텔레스 철학
과 유대교적 신앙을 결합하여 구약성서의
상징적 가르침에 대한 합리적 해석을 꾀했
으며, 윤리학에서는 의지의 자유와 중용의
덕을 논했다. 그의 철학 저작은 라틴어로 번
역되어 중세의 스콜라 학자들에게 영향을
주었다.

다는 것을 관찰한다. 그런데 움직이는 모든 것은 그 어느 것도 스스로 움직일 수 없기 때문에 다른 것에 의해 움직인다. 모든 운동에는 그 운동의 원인이 있다. A는 B를 움직이고, B는 C를 움직이고, C는 D를 움직이고 이런 식으로 계속 운동이 진행된다. 그렇지만 이렇게 운동의 원인을 무한히 거슬러 올라가는 것은 불가능하다. 결국 그 자체가 움직여진 것이 아닌 최초의 원동자^{原動者}에 이르게 된다. 다른 어떤 것으로도 움직여지지 않는 최초의 부동자^{不動者, prime unmoved mover}, 즉 제1원동자^{primum movens}가 존재해야만 한다. 사람들은 바로 이것을 하나님이라고 한다.

두 번째 길은 원인과 결과에 의해 제1원인을 추론하는 것이다. 이 길은 우주 전체에서 명백한 결과를 가져오는 '능동인^{能動因}' 또는 '작용인'이라는 사실에서 시작한다. 이 세상의 모든 만물은 모두 다 원인을 갖고 있으며, 어느 것도 스스로 자신의 원인이 될 수 없다. 모든 원인들은 위계가 있으며 종속적인 원인은 상위의 다른 원인에 의존한다. 이렇게 원인이 무한적으로 다른 상위 원인으로 소급되어가는 것을 피하기 위해 스스로 분명히 원인을 가지지 않지만 다른 모든 것이 그것에 의존하는 제1원인이 있어야 한다. 이 제1원인이 있지 않다면 다른 어떤 것도 존재할 수 없으며 이 제1원인을 사람들은 '하나님'이라고 한다.

세 번째 길은 우연적인 존재자로부터 필연적인 존재를 추론하

는 것이다. 우리는
자연 속에서 어떤 존
재가 있었다가 사라
지는 것을 끊임없이
관찰한다. 그것은 모
두 우연적으로 존재
한다. 이런 우연적인
사물이 존재한다는
것은 다른 어떤 것에
서부터 그 존재를 부
여받았다는 사실을
의미한다. 이 우연적
존재자를 존재하게

만드는 그 자체로 필연적이고 다른 모든 존재가 거기에 의존하는
존재, 즉 필연적 존재자가 있는 것이 틀림없다. 실존하는 존재자,
결코 존재하기 시작하거나 소멸하지 않는 바로 '그 자체로 필연
적인 존재자'를 모든 사람은 '하나님'이라고 한다.

네 번째 길은 사물이 가지고 있는 가치와 완전성의 계층에 관
한 것이다. 모든 사물은 좋음과 참됨과 고상함에서 차이가 있다.
즉 우주 전체에서 실존, 생명, 진리, 미 등 '완전성의 여러 등급'
이 발견된다. 우연적 존재자 가운데서 발견되는 완전성의 등급
은 어떤 필연적인 최고의 존재자 안에서 발견되는 최고의 완전
성이 있다는 것을 함축한다. 가장 높은 차원의 완전성을 지닌 이
런 존재는 자신을 제외한 다른 모든 존재가 여러 단계로 완전을

이루는 데 원인이 되어야 한다. 예를 들어 '진리'나 '선'의 경우를 보자. 우리는 세계 속에서 우연적 존재자 안에 있는 진리나 선의 등급을 관찰하기 때문에 다른 모든 존재자 안에 있는 선이나 진리의 원인이 되는 최고의 존재자가 있어야 한다. 이렇게 어떤 제한도 없이 모든 완전성을 소유하는 가장 높은 차원의 완전한 존재가 하나님이다.

다섯 번째 길은 이 세상에 있는 모든 것들의 존재 목적에 관련된다. 우주 안의 모든 만물은 전혀 이성이 없는 것까지도 자기에게 알맞은 목적을 지향하며 움직인다는 데서 출발한다. 지성이 없으면서도 특정 목적finis을 향해 고도의 지성적인 활동을 하는 사물들은 우연에 따른 것이 아니며, 계획된 것일 수밖에 없다. 지성을 갖추지 않은 존재자는 그것이 지성을 갖춘 어떤 존재자가 그 목적을 향하도록 지정하지 않고는 어떤 목적을 향해 움직일 수 없기 때문이다. 따라서 모든 자연적 존재자가 그들의 목적을 향하도록 만든 지성적 존재자가 실존하지 않으면 안 된다. 이 목적으로 이끌어주는 그 존재가 '최고 지성'으로 바로 하나님이다. 이 논증 방식은 위의 네 가지 우주론적 증명 방식과 다른 것으로 목적론적 증명이라고 하며, 이후 그리스도교 자연 신학에서 전형적으로 제시하는 하나님 존재 증명이 된다.

아퀴나스는 이러한 다섯 가지 길을 통해 경험적인 사물의 존재는 초월적 존재에 의존하고 있다는 기본적인 입장을 제시한다. 이 각각의 길은 다른 길과 형식상으로 구별되지만, 각 논증들은 모두 세계의 특수한 측면에서부터 출발한다는 점에서 비슷하다. 다시 말해 그의 하나님 존재 증명 방식은 감각을 통해 경험하는 사물을 출발점으로 삼으면서 그것들이 의존하고 있는 존재로 나간다.

아퀴나스의 하나님 존재 증명의 논증 구조를 이렇게 정리할 수 있다.

① 이 세상에는 우연적인 존재자가 존재한다.

② 이 우연적인 존재자는 그 존재 원인을 갖는다.

③ 그런데 그 존재 원인은 그 우연적인 존재 자신이 아닌 어떤 다른 존재자이다.

④ 이 우연적인 존재자를 존재하게 하는 것은 우연적인 존재자들로만 구성되거나 적어도 하나의 필연적인 존재자를 포함하고 있는 집합일 것이다.

⑤ 우연적인 존재자들로만 이루어진 집합은 이 우연적인 존재자를 존재하게 할 수 없다.

⑥ 그러므로 이 우연적인 존재자를 존재하게 하는 것은 적어도 하나의 필연적인 존재자를 포함하고 있는 집합이어야 한다.

⑦ 따라서 필연적인 존재자는 존재한다.

⑧ 그 필연적인 존재자가 바로 하나님이다.

이제 아퀴나스가 말한 하나님 존재 증명의 특징을 살펴보자. 아퀴나스의 다섯 가지 논증은 물질 세계에서 갖는 감각적 경험을 출발점으로 삼고 있다. 이렇게 세계로부터 세계 현상의 궁극적인 원인과 목적을 입증하기 위한 경험주의적 접근은 아퀴나스에 대한 아리스토텔레스의 영향을 분명히 보여준다. 특히 존재하는 모든 것들의 운동은 가능적인 존재(가능태)가 현실화(현실태)되는 것이라는 아리스토텔레스의 운동론이 강하게 드러난다. 아퀴나스는 아리스토텔레스의 존재 이해를 그리스도교의 하나님 개념과 통합한 것이다.

감각적 경험의 세계에서 세계를 초월하는 궁극적인 원인으로 나가는 아퀴나스의 하나님 존재 증명은 경험주의적 요소가 핵심을 차지한다. 그렇지만 아퀴나스가 근대적 의미에서 경험론자라고 할 수 없다. 그는 인간 정신은 감각적인 경험으로 주어진 것에서 출발하지 않으면 안 되지만, 이 주어진 것을 성찰하면 경험적인 실재는 그것을 초월하는 존재에 의존해서 존재한다는 관계가 밝혀진다고 확신했기 때문이다. 신앙의 토대를 합리적으로 밝히기 위해 이성을 적극적으로 사용하는 그는 여전히 중세 사유의 틀에 충실하고 있는 것이다.

그리스도교 신앙, 이성과 동행하다

우리가 지금까지 살펴본 것처럼 중세의 그리스도교 사유에서 신앙과 이성은 근대의 경우처럼 분명하게 분리되어 있지 않다. 오히려 중세 사유 속에서 신앙과 이성은 조화를 이루면서 함께 어깨동무하고 걸어가는 동반자라고 할 수 있다. 아우구스티누스에서 아퀴나스에 이르는 신앙과 이성의 관계는 이런 정황을 분명히 보여주고 있다. 이들은 믿음의 근거를 합리적으로 제시하는 신학적 사유에서 이성의 역할을 무시하거나 간과한 것이 아니라 오히려 적극적으로 사용했다. 물론 이들에게서 이성이 근대의 경우처럼 신앙으로부터 독립해서 자신의 독자적인 위상을 갖는 것은 아니다. 중세 그리스도교 전체를 통해 이성의 작업은 늘 신앙이 전제되어 있고, 신앙적 세계관의 울타리 안에서 이루어졌기 때문이다. 이 둘 모두 이성을 독자적 사고의 수단으로 생각하기보다는 신앙적 사고를 통해 사물을 완전히 이해할 수 있으며, 이성을 계시보다는 낮은 개념으로 본다는 점에 공통점이 있다. 중세 그리스도교 세계에서는 신앙과 이성이 조화하고 결합해도 이성에 대한 신앙의 우위가 끝까지 지속된다.

이제 아우구스티누스에서 안셀무스를 거쳐 아퀴나스에 이르는 하나님 존재 증명을 통해 신앙과 이성의 관계를 정리하자. 우리는 이 과정을 통해 신앙과 이성의 관계에 미묘한 변화가 있음을 알 수 있다.

아우구스티누스 자신의 삶과 앎이 철저하게 종교적이었기 때문에 그는 이성이나 지식보다는 신앙이나 믿음이 우선한다는 것을 강조했다. 그는 신앙이 이성에 앞선다는 것을 전제하면서 "이해하기 위해 믿는다"고 고백한다. 이것은 그의 사유 방향이 믿음에서 출발해서 이것을 통해 앎을 추구한다는 사실을 보여준다. 이런 태도는 하나님의 존재 증명에서도 마찬가지다.

아우구스티누스는 하나님 존재에 대한 논의에서 영원한 진리를 전제하고 그것을 확신하는 인간으로부터 출발한다. 그의 의도는 하나님 존재를 논리적으로 제시하려는 것이 아니다. 아우구스티누스는 사람들이 보편적으로 이미 알고 있는 것에 대한 일반적인 동의에서 논증을 제시하는 것이다. 아우구스티누스의 논증의 특징은 그가 하나님의 존재 증명에서 이성의 역할을 긍정하지만 그 역할은 여전히 한계가 있음을 분명히 인식하고 있다는 것이다. 그의 목적은 후대의 아퀴나스처럼 논증으로 주장하고 설득하는 것이 아니라 우리가 깨닫고 동의하게 하는 데 있다.

안셀무스는 신앙과 이성의 문제에 대해 변화의 계기를 제시한다. 그는 아우구스티누스 전통에 충실하면서 "이해를 추구하는 신앙"을 강조한다. 그렇지만 그는 동시에 신적·초월적인 계시에만 근거하지 않고, 이성적인 근거와 추론에 대해서도 깊은 관심을 갖는다. 이것은 그가 신앙과 이성의 조화 속에서 이성을 어느 정도 중시했다는 뜻을 함축한다. 그에 따르면 신앙은 그 대상이 이성의 도움을 받아 이해될 수 있도록 요구하고, 이성은 그 탐구의 정점에서 신앙이 제시하는 내용 없이는 자신의 목적을 이룰 수 없다는 것을 인정하게 된다.

이렇게 신앙에 대한 이성의 재평가가 이루어지면서 이성은 지금까지의 역할인 신앙의 부차적인 역할에서 벗어나 자신의 고유성, 즉 이성의 주체성을 획득하는 길을 열게 된다. 그가 제시한 하나님에 대한 존재론적 증명 방식은 신앙과 이성을 서로 전제한 상태에서 지금까지 신앙으로 확고히 정립했던 것들에 대해서도 순수하게 이성적인 방법으로 정립하기 위해 방법론적으로 문제를 제기한 사례라고 할 수 있다. 인간 이성이 하나님을 사유하고 서술할 수 있으며, 더 나아가 하나님의 존재를 증명할 수 있는 능력이라는 의미가 함축되어 있다. 안셀무스 이후 중세 사유에서 이성은 더 이상 하나님 증명을 위해 부차적인 기능만 하는 것이 아니라 훨씬 더 큰 의미를 지니게 된다.

안셀무스의 신앙과 이성에 대한 새로운 접근은 아퀴나스에 의해 완성된다. 아퀴나스는 아우구스티누스가 고백했던 "이해하기 위해 믿는다"는 표현을 뒤집어서 "믿기 위해 이해한다"고 강조한다. 아퀴나스는 자연적 이성을 통해 믿음으로 나갈 수 있다는 합리적 태도를 중시하고, 신앙의 정당성을 이성을 통해 논증할 수 있다고 확신한다. 이것은 아우구스티누스 전통이 강조한 '신앙에 토대한 이성'과 '이성보다 우선하는 신앙'에서 '이성에 토대한 신앙'과 '신앙에서 자율적인 이성'으로의 전환을 의미한다.

그렇지만 우리가 기억해야 할 것은 이런 변화와 구별이 신앙과 이성을 분리된 두 실체로 인정하는 것은 아니라는 것이다. 오히려 신앙과 이성은 서로 밀접한 상호작용 속에서 진리와 행복을 함께 추구하고 있으며 이러한 신앙과 이성의 동반은 중세 그리스도교, 중세 사유의 기본적인 성격이다. 이런 의미에서 아퀴나스는 여전히 충실한 중세인이다. 다만 신학과 철학이 구별되고, 신앙의 영역과 이성의 영역이 구별되는 아퀴나스의 사유 체계는 이후 신앙과 이성이 분리되고, 종교와 철학이 분할되는 근대로 향한 길목에 자리 잡고 있는 것이다.

🎙 대화

TALKING

아우구스티누스와 아퀴나스, 데카르트의

삼색(三色) 토크

|데카르트| 참 좋은 세상입니다. 제가 이렇게
아우구스티누스 선생님과 아퀴나스 선생님을 모시
고 이야기를 나눌 수 있으니까요. 오늘 이렇게 모인 까닭은 '신
앙과 이성'이라는 주제를 가지고 두 분 선생님의 견해를 좀 더 듣
고 싶어서입니다. 제가 사회를 보면서 여쭙겠지만 고대와 중세,
근대를 대표하는 사람들이 모였으니 앞으로 나눌 이야기가 무척
기대됩니다. 아우구스티누스 선생님은 고대의 문을 닫고 중세의
문을 연 분으로 아무래도 신앙 쪽에 더 중심추가 있다고 할 수 있
을 것 같습니다. 아퀴나스 선생님은 중세의 대표적인 지성인으로
신앙과 이성의 균형을 잡았던 분이고요. 저 데카르트는 근대 철
학을 시작한 사람으로 아무래도 신앙보다는 이성 쪽에 무게를 두
었습니다.

플라톤과 아리스토텔레스를 어떻게 받아들였습니까?

|데카르트| 먼저 두 분께서 영향을 받은 그리스 철학부터 이야기를 시작하죠. 흔히 아우구스티누스 선생님은 플라톤의 철학을, 아퀴나스 선생님은 아리스토텔레스의 철학을 그리스도교 신앙과 결합했다고 합니다. 그것을 좀 더 자세히 말씀해주셨으면 합니다. 본래 그리스 철학과 그리스도교 신앙은 뿌리가 다른데, 어떻게 두 철학 사상을 수용하셨는지요?

|아우구스티누스| 제가 먼저 말씀드리지요. 사실 플라톤이나 아리스토텔레스를 떠나서 철학을 그리스도교에 결합한 사람은 제가 처음이 아니지요. 저보다 앞서 초대교회 교부들께서 이미 플라톤을 중심으로 그리스 철학을 적극적으로 받아들였지요. 그리고 저는 플라톤 철학을 신앙 속에 좀 더 분명하게 받아들이고 결합시켜 '하나님 중심적'인 사고의 틀을 만들고 중세 사고의 기초를 놓았다고 할 수 있습니다. 이것을 완성해서 중세 사고의 틀을 확립한 사람이 바로 아퀴나스 선생님이지요. 아무튼 저는 진리 추구의 길을 걷다가 플라톤 철학에 눈을 돌리게 되었고, 이를 통해 그리스도교 신앙의 내용을 설명하게 된 겁니다. 그런데 제가 주로 플로티노스의 글을 통해 플라톤을 알았으니까 엄밀하게 말하면 저에게 영향을 준 것은 신플라톤주의라고 할 수 있지요.

|데카르트| 플라톤주의의 어떤 점이 마음에 들었습니까?

|아우구스티누스| 저에게 크게 다가온 것은 플라톤이 현상계와 이데아계를 엄격하게 분리한 이원론적 사고입니다. 이런 이중적 구조는 정신과 물질을 이원론적으로 구분하는 데 바탕을 두고 있습니다. 정신적인 것은 고정되고 변하지 않고, 그 정신적인 것의 정점에서 절대적이고 확실한 진리, 즉 최고선을 만날 수 있다는 생각과 연결되지요. 이렇게 정신적인 것과 물질적인 것을 분리하여 하나님과 피조 세계에 각각 대응시키니까 신앙을 설명하는 것이 아주 조리 있게 보였어요.

게다가 플라톤의 원형적 형상, 즉 '일자一者'를 하나님으로 이해하니까 그 다음부터 말하기가 쉬워졌습니다. 그리고 하나님을 참존재로 생각하니까 그토록 고민하던 악의 문제를 해결할 수 있는 실마리가 보였어요. 악이란 본래부터 실체를 가지고 있다는 마니교와 달리 이제는 악이란 참존재가 결여된 것, 즉 선이 없는 것이라고 알게 된 겁니다. 하나님을 떠나 우리 인간은 이미 죄인이기에 본래부터 악한 존재지요. 우리는 선을 행할 수 없는 존재이기에 하나님의 은혜를 통해서만 구원을 얻을 수 있지요. 제 생각은 이렇게 출발했습니다. 이런 기본적인 틀 속에서 여러 가지 신학적인 주제를 다루었지요. 물론 플라톤주의를 그대로 받아들인 것은 아닙니다. 우리 가르침과 일치하지 않는 많은 내용을 그대로 버리거나 그리스도교에 맞추어 바꾸었습니다. 아마 플라톤의 사유 틀을 빌려 그리스도교 신앙의 내용을 체계적으로 보여주었다는 것이 적절할 것 같습니다.

|데카르트| 아퀴나스 선생님은 아리스토텔레스 선생님에게 많은 영

향을 받은 것으로 알고 있습니다. 그 부분에 대해 구체적으로 말씀해주시겠습니까?

|아퀴나스| 비중으로 따지자면 아우구스티누스 선생님이 플라톤에 의존한 비중보다 제가 아리스토텔레스에게 기댄 비중이 더 크다고 생각합니다. 사실 저에게 결정적인 영향을 준 것은 아우구스티누스 선생님과 아리스토텔레스 선생님 두 분이시죠. 제 책에서 '그 신학자'는 아우구스티누스 선생님을, '그 철학자'는 아리스토텔레스를 지칭하지요. 사물과 세계, 하나님을 보는 관점은 기본적으로 아리스토텔레스 선생님께 배웠습니다.

|데카르트| 그런데 아리스토텔레스 선생님에 대해서 당시 말이 많았죠?

|아퀴나스| 그렇죠. 한동안 잊고 있던 아리스토텔레스 사상이 이슬람을 통해서 소개되었는데, 이것을 받아들이는 문제로 참 말이 많았지요. 당시 우리 로마 가톨릭교회는 플라톤주의의 영향 아래서 아우구스티누스 선생님의 전통을 지키는 신아우구스티누스주의가 강력한 영향력을 행사하고 있었지요. 다른 한편으로 철학하는 사람들은 아리스토텔레스 사상을 적극적으로 받아들였고요. 저도 아리스토텔레스 사상에 비판적이지만 한편으로는 호의적인 부분도 있어 한때는 이단 사상을 가졌다고 의심을 받았으니까요. 결국은 제 신학이 표준적인 가톨릭 신학이 되기는 했지만요.

이야기가 옆길로 샜죠. 사실 제가 보기에 플라톤과 마찬가지로 아리스토텔레스도 정신과 물질의 이원론적 이해를 기본으로 하고 있지요. 그런데 그 전개 방향이 달랐습니다. 플라톤이 정신과 물질을 완전히 분리했지만, 아리스토텔레스는 이 둘을 별개로 분리하지 않았습니다. 플라톤의 현상계와 이데아계의 구분은 분명했지만, 아리스토텔레스의 질료계와 형상계 구분은 좀 모호했지요. 여기에서 질료는 실재를 구성하는 요소를 포함하기 때문에 만물은 질료가 줄고 형상을 늘리는 상향 운동을 통해 움직이죠. 각각의 물질은 질료성이 줄어들고 형상성이 늘어날수록 존재론적 계층 구조에서 더 높은 자리를 차지하죠. 질료가 전혀 없고 순수한 형상인 신과 천사가 존재의 계층 구조에서 정점과 그 아래 자리를 차지하는 것은 이런 이유 때문이죠. 아리스토텔레스에게 신은 순수 형상으로 다른 어떤 움직임도 필요 없는 부동자不動者이며 다른 것을 자신이 원하는 방향으로 이끄는 원동자原動者이고 제1원인이었죠. 이와 함께 아리스토텔레스에게 우주는 항상 존재하는 것으로, 시작이나 끝이라는 생각이 없어요.

처음에 아리스토텔레스의 이런 생각을 받아들여서 우리 신앙을 설명하는 데 어려운 점이 상당히 많았어요. 아리스토텔레스는 내재적인 부동의 신을 생각하는데, 우리 하나님은 초월적이면서 세상을 창조하고 통치하는 하나님이거든요. 그래도 그 하나님을 세상을 창조한 제1원인으로 이야기하면서 아리스토텔레스의 우주와 존재의 계층 질서는 하나님의 질서로 연결되었어요. 또한 항상 존재하는 우주는 그 앞과 뒤에 창조와 종말을 연결해서 이해하니 큰 무리가 없었죠. 제 작업은 아리스토텔레스

의 우주론과 신을 분리하지 않고 결합함으로써 하나님 중심의
중세적 우주론을 완성한 겁니다.

신앙과 이성, 갈림길에 서다

|**데카르트**| 고맙습니다. 그렇다면 이제 구체적으로 신앙과 이성의
문제로 들어가겠습니다. 먼저 이 문제에 대해 제가 간략히 흐름
을 짚어보겠습니다.

신앙과 이성의 관계를 어떻게 이해할 것인가 하는 문제는 오
래전부터 우리에게 관심사였습니다. 제가 보기에 신앙과 이성,
믿음과 앎이라는 한 쌍의 말은 인간의 근본적인 가능성, 충동 또
는 열망을 가리키는 말처럼 느껴집니다. 이것을 우리의 삶 전체
에서 어디에 놓을 것인가는 우리에게 주어진 영원한 과제이고,
유럽 사상사의 주요 부분이 바로 이 문제의 변주곡이라고 할 수
있습니다. 역사적으로 두 분 선생님께서 이 둘의 조화나 종합을
지향했다고 한다면 근대 시대 이후는 둘의 분리로 나간다고 할
수 있습니다.

먼저 고대 교부들의 신앙과 이성의 결합을 한층 더 성숙한 형
태로 종합한 아우구스티누스 선생님이 이 문제에 대해 말씀해주
시죠.

|**아우구스티누스**| 신앙과 이성의 문제는 신약성서 가운데 〈요한복음〉
과 바울서신에 나오는 신앙과 깨달음gnosis 개념부터 시작합니다.

저는 초대 교부들이 시도한 신앙과 이성의 결합의 연장선 위에 있습니다.

그리스도교 신앙인으로서, 목회하는 사제로서 제가 보기에 신앙과 이성은 나눌 수 있는 것이 아닙니다. 우리 정신은 외부에 존재하는 진리를 인식할 수 있는 능력이 있습니다. 그렇지만 여기에 머물러 있는 것이 아니라 하나님을 경험하는 '지혜'에까지 도달해야 합니다. 이런 능력은 하나님이 은혜로 주신 신앙으로 순수해지고 강화됩니다. 이렇게 되면 우리는 신앙 가운데 내포되어 있는 사랑으로 하나님에게로 다가가면서 하나님을 인격적으로 아는 참된 이해로 높여가는 겁니다. 이 탐구가 결국 도달하는 곳이 인간의 최고 행복이며 지혜입니다.

그래서 제 이야기는 신앙으로 먼저 받아들이고 나면 완전한 이해에 도달할 수 있다는 말입니다. 그런데 제가 '알기 위해 믿는다'고 했을 때 종종 오해하는 사람들이 있습니다. 이 말을 믿음을 수단으로 하고 앎을 목적으로 한다고 오해하는 것이지요. 그렇지만 실제 의미하는 것은 믿음에서 출발해서 이것을 토대로 앎을 추구한다는 것입니다. 신앙을 전제로 이성을 추구하는 거죠.

|데카르트| 아우구스티누스 선생님의 이런 생각은 뒤에 안셀무스 선생님이 '이해를 추구하는 신앙(fides quaerens intellectum)'이라는 말로 다시 표현하지요. 신앙과 이성을 결합해서 스콜라주의의 근본 틀을 만든 아퀴나스 선생님이 한 말씀 해주시죠?

|아퀴나스| 뭐, 제가 스콜라주의 결정판을 만들어서 모두 통일한 것

처럼 생각하지는 마십시오. 모두 다 통일된 사고를 한 것은 아니기 때문이지요. 당시 저는 신앙과 이성의 문제에 대해 보나벤투라 선생님과 날카롭게 대립했습니다. 보나벤투라 선생님은 먼저 신앙을 전제로 한 이성, 즉 신앙을 통해 이해하는 것이 최선이라는 아우구스티누스 선생님의 견해를 더 강하게 지키라고 주장하였지요. 이와 달리 저는 이성의 합리적 기능을 강조하면서 신앙과 이성의 영역을 구분했거든요. 물론 신앙은 여전히 계시된 진리를 다루고, 이성은 논리적 추론을 통해 하나님의 존재를 증명하는 것이기에 이 둘은 상호보완적인 관계에 있지요.

저는 신학을 철학과 구별하면서 신학은 계시를 바탕으로 하고, 철학은 이성을 바탕으로 한다고 주장했습니다. 인간이 철학적 인식을 통해 불완전한 행복에 이르게 된다면 계시를 통해 완전한 행복에 이를 수 있다고 생각합니다. 그렇지만 이 둘은 분명히 자연의 영역과 은총의 영역이라는 독자적인 영역을 가지고 있습니다. 이런 독자적 영역과 함께 철학과 신학은 각각 독자적인 접근 방식을 가지고 있어서 구별되지요. 이 둘의 보완적 관계는 '은총은 자연을 파괴하지 않고 오히려 완성한다'는 말로 요약할 수 있습니다. 물론 신학자로서 여전히 저는 신앙과 은총의 우위를 믿습니다.

|데카르트| 그런데 선생님들이 신앙과 이성의 종합을 추구하셨다면 저희로부터 시작된 근대는 이 둘을 분리하고 그 중심을 신앙에서 이성으로 옮겼습니다. 근대의 신앙과 이성의 분리는 이성이 자기 충족적이며 완결되었다는 주장과 함께하며, 이 주장이 분

명한 것으로 받아들여지고 있다는 것입니다. 근대가 추구한 것은 절대적 확실성에 대한 탐구였고, 이 탐구의 바탕에는 인간 이성은 자신의 힘으로 절대적으로 확실한 인식에 도달할 수 있다는 자명한 전제가 있었습니다.

|아퀴나스| 물론 중세의 스콜라 학자 역시 인간은 진리를 인식하고, 그 확실성에 도달하는 능력과 가능성이 있음을 인정했습니다. 그렇지만 우리는 오류가 없는 절대적으로 확실한 것은 신적 지성뿐이며, 인간 이성은 오직 그 신적 지성의 빛에 참여하고 그것을 나누어 가질 때에만 확실한 인식을 얻을 수 있다고 생각하였습니다. 달리 말하면 중세의 신학자들은 인간의 이성은 미완성이고 불완전한 것임을 자각했기 때문에, 절대적인 확실성의 탐구를 주제로 삼기보다는 오히려 신의 도움에 의지하면서 감히 오류로 빠질 수 있는 위험에 찬 길로 나아갔던 것입니다.

|아우구스티누스| 그렇군요. 여기에서 신학자인 우리와 근대 철학자의 견해 차이가 보이네요. 확실히 제가 보기에도 근대 철학자는 비록 이성의 한계를 말하기는 하지만, 이성이 자신의 힘으로 탐구를 계속할 수 있는 완성된 인식 능력이라는 것에 조금도 의문을 품지 않습니다. 또한 신앙과 이성의 문제를 다루는 경우 이성은 신앙에서 분리된 자기 고유의 탐구 영역을 가지고 있으며, 이 영역에 관해서는 자기 충족적이며 완결된 탐구 능력이라는 사실을 자명한 것으로 전제합니다. 고대나 중세 신학 사상에서 볼 수 있는 신앙과 이성이 서로 협력하고 보완하는 것이 필요한, 그런

인격 전체가 관계하는 탐구라는 관점을 근대 시대에는 찾아보기 어려운 것 같습니다.

철학은 신학의 시녀?

|데카르트| 그런데 중세 시대에 아퀴나스 선생님처럼 제아무리 이성의 독자성을 인정한다 하더라도 여전히 신앙의 우위를 말하고 신앙의 대상을 이해하려는 노력만이 유일하게 가치 있는 이성의 역할이라고 생각하기 쉽습니다. 그래서 결국 철학이 여전히 신학의 도구에 불과한 것이 아니냐는 생각이 듭니다. 중세 사상의 특징을 말할 때 가장 많이 언급되는 명제인 '철학은 신학의 시녀'는 바로 이런 인상을 각인시키는 결정적인 구절이지요. 이 표현은 흔히 철학이 교회의 어용^{御用} 철학으로서 자율성이 없고, 학문 태도나 방법에서 권위주의적이며, 탐구의 정신을 망각하여 독단적·배타적으로 자신의 주장을 고수했다는 등의 의미로 사용됩니다. 정확히 어떤 맥락에서 이런 말이 나왔습니까?

|아퀴나스| 제가 대답하는 것이 나을 것 같네요. 페드루스 다미아누스^{Petrus Damianus, 1007~1072}의 《가톨릭 신앙론》의 한 대목에서 '이성은 신학의 시녀'라는 비슷한 구절이 나오지만, '철학'이라는 말은 나오지 않습니다. 이 말의 뜻은 신학적이고 신앙적인 내용을 이성을 사용해서 논리적으로 이해하자는 것이지요. 당시 이성의 독립성을 강조하는 흐름이 나타나기 시작했을 때 가톨릭 추기경

이었던 그가 했던 말입니다. 그는 오직 성서(신학과 같은 것을 뜻한다)를 가르칠 때 세속의 학문(즉 철학)을 사용하는 경우 후자가 주도권을 잡는 일이 있어서는 안 된다고 타이르고자 한 것이지요.

사실 저도 철학적인 여러 학문^{disciplinae philosophicae}을 '거룩한 교리의 시녀'라고 표현한 적이 있습니다. 제가 의미한 것은 마치 중추적인 학문이 조수 역할을 하는 여러 학문을 사용하듯 신학은 하위의 것, 즉 시녀로서의 철학적 학문을 사용하여, 철학을 신학의 상위 학문으로 여기고 거기에서 어떤 원리를 받아들이는 일은 없어야 한다는 것입니다. 신학의 시녀라는 사고방식은 철학이 신학적 논술 가운데 개입되는 경우에만 해당되는 것으로, 철학이 그 자체로서 신학의 지배나 지도 아래서 탐구되어야 한다는 것을 의미하지는 않습니다.

나는 생각한다, 고로 나는 존재한다

|데카르트| 저를 비롯해서 이후의 칸트 같은 철학자들은 이성에 대한 자신감과 자율에 대한 자신감으로 가득 차 있습니다. 저희들은 사유의 출발점을 회의주의의 극복에서 찾고, 지성과 앎의 문제를 도덕 실천의 문제와 연결해서 생각하고, 의지로 말미암아 지성의 한계를 넘어 무한한 세계에 도달하려고 합니다. 그런데 제가 놀란 것은 근대에 사는 저희들의 문제의식이 거의 1천 년 이전의 아우구스티누스 선생님의 것과 놀랍도록 비슷하다는 것입니다. 미리 말씀드리지만 전 아우구스티누스 선생님의 이야기

를 모방한 것이 아닙니다. 이제 회의주의를 극복하는 문제로 이야기를 나누는 것이 어떻겠습니까?

|아퀴나스| 데카르트 선생의 '나는 생각한다, 고로 나는 존재한다'라는 명제는 제가 보기에 결코 의심할 수 없는 확실한 명제라고 생각합니다. '나'라고 하는 주체가 존재하는 것은 바로 내가 생각하기 때문이라고 보았다는 점에서 '나'라는 존재를 신의 피조물로 파악한 선생님들이나 중세적인 관점과 결정적으로 갈라서는 것입니다.

그런데 당혹스러운 아이러니가 있지요. 아우구스티누스 선생님이 철학(형이상학)의 제1원리라고 생각했던 명제가 바로 '내가 속고 있다면 속고 있는 나는 존재한다'였지요. 즉 동일한 명제가 서로 대립됨으로써 근대와 중세가 구별된다고 하는 것은 매우 아이러니하게 보입니다.

데카르트 선생님도 언급했지만 자칫하면 아우구스티누스 선생님과 데카르트 선생의 공통점만 남을까 싶어서 제 눈에 금방 들어오는 차이를 여기서 먼저 지적하지요. 제가 보기에 아우구스티누스 선생님과 달리 데카르트 선생은 이성이 언제나 의지에 대해 우위를 차지합니다. 이성은 항상 지성으로서, 근대 철학자가 말하는 앎과 의지는 모두 자율 이성입니다. 그런데 아우구스티누스 선생님의 '알기 위해 믿어라'에서는 의지의 역할이 상당히 강조되어 있지요. 그리고 결정적으로 회의주의를 극복하려는 방향이 좀 다른 것 같습니다. 아우구스티누스 선생님이 여기 계시니 어떤 맥락에서 하신 말인지 말씀해보시지요.

|아우구스티누스| 아시다시피 제 평생 동안 추구한 참된 지식의 목표는 하나님과 영혼입니다. 저에게 자연물에 대한 인식이나 기타 비슷한 지식은 사실 관심사가 아니었고, 오직 신학적 명제를 증명하기 위해 필요한 것이었습니다. 이런 저에게 이성의 출발점은 '계시된 진리'입니다. 다시 말하지만, 그래서 '이해하려면 믿어라'를 가장 중요한 것으로 강조했습니다. 이성의 의무는 믿음을 위해 필요한 것을 확립하는 것입니다.

저는 이를 위해 믿음을 겨냥해서 제기되는 많은 회의론을 반박하고 비판한 것이지요. 저는 이들에 대한 반박으로 회의론자들의 수많은 의심을 받았지만 결코 의심할 수 없는 것을 찾아내려고 했습니다. 그것이 바로 '내가 속고 있다면 속고 있는 나는 존재한다'라는 명제입니다. 내가 무엇을 생각할 때 회의론자의 말대로 내가 잘못 생각할 수도 있고, 또는 무엇을 생각했는지 명확하지 않을 수 있지만, '속고 있는 나, 잘못 생각하는 나'가 없다면 대체로 생각한다는 게 불가능합니다. 의심하는 것도 마찬가지죠. 의심하는 '나'가 없다면 의심하는 것은 있을 수 없다는 말입니다. 회의론자들이 의심한다는 사실이야말로 '의심하는 사람(회의론자 자신)'이 존재함을 확실하게 보여주는 것입니다. 따라서 '내가 속고 있다면 속고 있는 나는 존재한다'라는 것만큼은 회의론자들조차 반박할 수 없을 정도로 확실한 것입니다. 이것이 제 철학의 '제1원리'라고 생각합니다.

|아퀴나스| 그렇다면 이런 확실한 판단은 도대체 어떻게 가능합니까?

|아우구스티누스| 예, 확실한 판단, 곧 진리는 초인간적인 것, 인간을 넘어서는 어떤 근원에서 나옵니다. 이것이 인간의 내면적 교사인 그리스도입니다. 다시 말해 그리스도가 이 확실한 지식을 우리에게 가르친 것입니다. 확실한 지식을 통해 우리는 그리스도라는, 신이라는 확실하고 완전한 존재가 분명히 존재함을 증명할 수 있습니다. 이처럼 회의하는 자신에 대한 확실성은 신의 존재를 확증하고 증명하는 출발점이지요.

|데카르트| 사실 저에게도 확실한 지식은 매우 중요합니다. 저는 철학이 불확실한 지식에 확실한 기초를 제공해주는 일을 해야 한다고 생각합니다. 이를 위해서 철학의 출발점은 더없이 자명하고 확실한 것이어야 하지요. 이런 기초는 당연히 어떤 의심과 질문에도 견뎌낼 수 있어야 하기 때문에 저는 스스로 회의론자가 되었습니다. 확실한 것에 이르기 위해 의심하고 회의하는 방법을 사용하면서 '방법적 회의'라고 했습니다. 그래서 저 역시 아우구스티누스 선생님처럼 모든 것을 다 의심해도 의심하는 내가 없다면 의심한다는 것은 불가능하다는 생각에 도달했습니다. 그리고 '나는 생각한다, 고로 존재한다'라고 말한 겁니다.

|아퀴나스| 여기까지는 아우구스티누스 선생님과 전혀 다를 것이 없네요. 계속 말씀하시지요.

|데카르트| 그렇습니다. 저는 회의주의를 통해 신이 아니라 확실한 지식에 이르려고 한 것입니다. 아우구스티누스 선생님은 이를

통해서 신에 대한 인식을 목표로, 믿음을 굳게 하려고 한 걸로 알고 있습니다.

|아우구스티누스| 물론이죠. 이 확실한 출발점을 그리스도 또는 하나님이 제공해주었다는 사실이 가장 중요합니다. 그런데 데카르트 선생은 그것을 누가 주었는지가 별로 중요하지 않다고 생각하는 것 같습니다. 제가 보기에 데카르트 선생에게 정작 중요한 것은 '나'라는 자아가 자신의 능력으로 확실한 것을 생각할 수 있다는 사실이고, 확실한 지식에 도달할 수 있는 이 능력이 인간 자신에 내장되어 있다는 것인데요. 맞습니까?

|데카르트| 예, 바로 보셨습니다. 저는 내 안에 있는 이 확실한 지식에 이르는 능력을 '타고난 관념', 즉 '본유 관념$^{innate\ idea}$'이라고 합니다. 저에게 중요한 것은 이 본유 관념이 어디에서 올까가 아니라 그것이 인간의 이성 안에 내장되어 있다는 것입니다. 이처럼 확실성을 보증해주는 이성의 능력이 바로 자연에 대한 확실한 지식의 원천이라고 생각합니다. 이성은 자연을 비추어주는 빛이 되는 것이지요.

|아퀴나스| 그렇다면 똑같은 '생각한다'는 것이 두 사람의 경우에는 정반대 역할을 하는군요. 아우구스티누스 선생님에게 이것은 하나님의 존재를 입증해주는 확실한 출발점이었다면 데카르트 선생에게 '나'라는 존재의 연원이 바로 내가 생각한다는 사실임을 확인해주는 출발점이며, 그래서 나 혼자만의 힘으로 확실한

지식에 이를 수 있게 해주는 출발점이었군요. 다시 말하면 아우구스티누스 선생에게 그것은 신학의 기초를 제공해주는 것이었다면 데카르트 선생에게 그것은 과학의 기초를 마련해주는 것이었습니다. 이처럼 상반된 역할을 하는 까닭은 '생각한다'는 것이 어떤 맥락 속에 자리 잡고 있느냐, 어떤 문제 설정 속에 있느냐에 따라 다른 의미를 갖기 때문이네요.

|데카르트| 의심할 수 없는 확실한 주체, '나'라는 존재는 하나님이 없어도 사고할 수 있다는 것입니다. '나'라는 주체는 하나님이 없어도 내장되어 있는 본유 관념 때문에 확실하게 사고할 수 있고, 확실한 판단을 할 수 있는 존재가 되는 거지요. 이런 점에서 저에게 '생각하는 나'는 하나님으로부터 독립된 존재고, 하나님으로부터 독립된 '주체'를 의미합니다.

바로 이렇게 하나님으로부터 독립하는 것 때문에 남들은 제 사고를 '중세에서 벗어난 사고'라고 합니다. 저는 신앙과 이성의 문제, 신학과 철학의 문제를 다루면서 이렇게 철학이 신학에서부터 벗어날 수 있는 계기를 만들었습니다. 따라서 제 이후로는 주체라는 범주가 근대 철학에서 가장 중심이며 근본인 범주가 되었지요.

|아우구스티누스| 저와 데카르트 선생의 차이가 무엇인지, 우리 시대와 근대의 차이가 무엇인지 실감이 나네요. 그런데 신앙과 이성을 분리하고, 이성은 자기 충족성과 완결성을 가지고 있다는 그 대전제가 정말 맞는 것인지 의문이 드네요. 개인적으로 동의하

기 힘듭니다.

|아퀴나스| 저 역시 근대의 대전제에 대해 공감하기 어렵습니다. 신앙과 이성이 분리되고, 믿음과 앎이 분리된 현대의 삶은 어떻습니까? 현대인을 위한 신앙과 이성의 조화를 다시 시도하고 싶은 마음이 드네요.

|데카르트| 다음에는 현대적 정황에서 문제가 되는 교회와 국가, 종교와 과학, 그리스도교와 다른 종교, 삶과 윤리 등의 주제로 선생님들의 의견을 들을 수 있으면 좋겠습니다. 신앙과 이성에 대한 이야기를 두 선생님의 입을 통해 직접 듣게 되어 영광이었습니다. 아쉽지만 이쯤에서 마쳐야 할 것 같습니다. 오랜 시간 감사드립니다.

Aurelius Augustinus

ISSUE

Thomas Aquinas

신앙과 이성은 함께할 수 없을까?

　중세 시대의 사람들은 지금의 우리와 다른 방식으로 세계와 인간을 보았다. 그리스도교는 그들의 문화와 삶에 색채를 부여하고 형태를 부여하는 모든 것이었다. 신앙의 세계와 자연의 세계, 또는 하나님의 세계와 인간의 세계는 딱 부러지게 나뉘지 않았다. 아우구스티누스와 아퀴나스는 이런 세계관을 체계화하고 완성한 대표적인 사람들이다. 중세 사람에게 신앙과 이성, 신학과 철학은 분리된 영역이 아니었다. 우리가 중세를 호기심 어린 시선으로 보는 것도 바로 이런 이유 때문이다. 중세에는 당연하던 것이 오늘날에는 이상한 것이 되었다. 우리는 신앙과 이성은 다른 것이고, 종교와 과학은 별개라고 생각한다. 종교와 과학을 함께 말하기는 뭔가 거북하고 불편해지는 느낌이다. 그런데 우리가 고개를 돌려보면 진지하게 신앙생활을 하는 과학자와 현대 과학을 적극적으로 수용하는 종교인을 자주 볼 수 있다.

　종교와 과학에 대해 우리가 갖는 인상은 두 가지이다. 하나는 이 둘의 사이가 좋지 못하다는 것으로 종교와 과학은 갈등 관계나 전쟁상태에 있다고 생각한다. 특히 그리스도교와 과학은 전투 중인데 그 사례로 갈릴레이Galilei, Galileo, 1564~1642 재판이나 진화론-창조론 논쟁을 말한다. 다른 하나는 과학이 종교보다 우월하다는 생각이다. 일반적으로 과학은 이성의 산물로서 과학적 관점에 따라 자연 현상을 설명한다. 더 이상은 하나님 같은 초자연적인 존재에 의존하지 않고 자연적 설명에 의존하며, 하나님의 섭리가 아닌 이성의 논리로 모든 사물을 설명하고 인간의 문제까지 해결할 수 있다고 생각한다. 종교는 과거의 낡은 유물로 객관적이지 못하고 합리적이지 못하다고 생각한다.

그런데 종교와 과학에 대한 이런 이해가 제대로 된 것일까? 이것은 역사적으로나 이 둘의 성격을 생각할 때 사실이 아니다. 굳이 아우구스티누스와 아퀴나스를 말하지 않더라도 역사적으로 종교와 과학은 매우 밀접한 상호 관련성이 있었다. 또한 과학이 종교보다 훨씬 합리적이고 우월하다고 생각하게 된 것은 그리 오래되지 않았고, 이런 생각도 서구 유럽이 겪은 역사적 경험에서 비롯된 것이다. 먼저 그 역사를 살펴보자.

종교와 과학은 역사 속에서 어떻게 만났을까?

근대에 이르도록 서구에서 신앙과 과학은 우리가 생각하듯이 그렇게 철저하게 분리된 다른 영역으로 생각되지 않았다. 초대 교회 교부들과 중세 신학자들은 그리스도교적 세계관 속에서 신학 작업을 했지만, 신앙에서 인간 이성의 역할을 매우 긍정적으로 평가했다. 물론 당시에는 오늘날의 자연과학 분야에 해당하는 주제들이 '자연철학'이라는 이름으로 논의되었으며, 지성계는 하나의 통일성을 갖고 있었다. 그 세계는 신학, 형이상학, 인식론, 윤리학, 자연과학 그리고 수학같이 그렇게 세밀하게 분할된 것이 아니라 비교적 통일성과 일관성을 지닌 전체로 표현되었다.

근대 과학은 그 출발부터 그리스도교와 밀접한 관련이 있다. 당시의 지식 계층이 그리스도교 사제들이었고 이런 이유로 과학 혁명이 서구 그리스도교에서 발생했다고 볼 수 있다. 이슬람 세계에서 보존되고 발전된 고대 그리스의 과학, 수학, 천문학을 가장 먼저 받아들인 이들이 바로 그리스도교 사제들이었다. 또한 중세 후기와 르네상스를 거쳐 18세기까지 유럽에서 과학을 연구하는 사람들이 대부분 신앙심이 깊은 사람들이었으며, 상당수가 신학 교육을 받았다. 코페르니쿠스Copernicus, Nicolaus, 1473~1543, 케플러Kepler, Johannes, 1571~1630, 갈릴레이, 뉴턴Newton, Sir Isaac, 1642~1727, 보일Boyle, Robert, 1627~1691 등이 대표적인 사람들이다.

과학혁명의 토대를 놓은 사람들은 신앙과 과학은 하나님이 부여한 통일된 진리를 추구할 때 서로 보완적인 관계라고 생각했다. 이 주장이 '두 권의 책'이라는 견해로 하나님이 계시는 '성서라는 책book of Bible'과 '자연이라는 책book of nature'을 통해 드러난다는 것이다. 각각의 책을 다루는 신학과 과학은 모두 동일한 저자, 하나님이 지은 것을 다루기 때문에 두 책의 내용이 서로 배척하는 것이 아니라 오히려 보완한다고 생각했다. 같은 저자가 드러내려는 하나의 진리를 '성서'와 '자연'이라는 각기 다른 수단을 통해 드러내는 것이다. 18세기에 이르러서 계몽주의의 합리주의적 분위기 속에서 과학과 종교가 분리된 영역이라는 주장이 나왔지만, 여전히 둘의 관계를 전쟁으로 생각하지는 않았다. 그렇다면 언제부터 이런 갈등이 시작되었을까?

그리스도교와 과학의 관계에 갈등이라는 이미지가 형성된 시기는 19세기 후반 다윈의 《종의 기원》이 출판된 뒤였다. 진화론이 등장한 뒤 일부 그리스도인들은 과학이 자신들의 신앙을 위협한다고 생각하기 시작했다. 다른 한편에서 일부 과학자들은 그리스도교가 과학의 자유를 위협한다고 생각하기 시작했다. 19세기 후반에 종교와 과학이 전쟁 상태에 있다고 주장하는 두 권의 책, 드레이퍼^{John William Draper}의 《종교와 과학의 갈등사^{History of the Conflict between Religion and Science}》와 화이트^{Andrew D. White}의 《그리스도교 국가에서 신학과 과학의 전쟁사》가 출판되면서 이런 경향이 더욱 강화되었다. 비록 이 책들은 진화론에 대해 거의 언급하지 않았지만, 종교와 과학의 관계를 전쟁의 이미지를 통해 보게 하는 데 결정적인 역할을 했다. 20세기에 들어와서 신앙과 과학은 갈등 관계가 아니라고 생각하는 사람들이 그리스도교와 과학계 양쪽에 항상 있었지만, 창조-진화 논쟁 등을 통해서 현대 서구인과 그리스도인이 그리스도교 신앙과 과학을 갈등 관계로 보는 관점이 일반화되었다.

종교와 과학의 문제를 그리스도교 전통 속에서 볼 때 이 둘을 갈등 관계로 이해하기 시작한 것은 겨우 150년 전이다. 그 이전의 1천5백 년이라는 기간 동안 서구에서 종교와 과학의 관계는 상호보완적인 것이었다. 20세기 후반에 들어서 종교와 과학의 대화를 좀 더 적극적으로 시도하는 흐름이 생겼다. 이들은 종교와 과학의 역사적 만남, 이 둘의 구조와 본질, 종교와 과학에 관련된 이슈들을 적극적으로 다루었다. 이런 흐름은 종교적 독단주의나 과학적 제국주의를 넘어서서 두 영역 모두 스스로의 강점과 한계를 인식하고, 좀 더 넓은 인간의 문화와 인식의 지평에서 종교와 과학을 자리매김하려고 한다.

종교와 과학은 서로 다른 종류의 지식

과학혁명 이래 자연과학의 발전과 과학이 적용된 기술은 우리에게 엄청난 혜택을 주게 되고, 이 결과 과학의 영향력은 상상을 초월할 정도로 커졌다. 그동안 서구 문화에서 모든 것의 지반 구실을 하던 그리스도교는 그 위상이 점점 약화되고, 그 자리를 과학이 대신하게 된다. 과거에는 그리스도교 사제가 모든 정당성과 합리성을 판정했지만, 오늘날에는 과학자가 그 사제 구실을 한다. 오늘날에는 과학이 모든 것을 결정하는 가장 중요한 권위를 갖게 되었으며, 과학적 지식이 다른 지식을 판정하는 지식의 표준이 되었다. 이것이 과학이 지배하는 우리 문화의 현실이다. 언뜻 보기에 과학적 성취는 끊임없이 그리스도교의 가르침을 압박하였으며, 그리스도교는 과학에 반발하는 모습을 보였다. 과학은 과학적 지식만이 진리를 드러내는 유일한 지식이라는 과학주의 견해를 취하고, 일부 그리스도인은 자신들의 신학적 주장에 따라 과학적 사실을 자의적으로 판단하면서 현대 자연과학을 거부하기까지 한다. 과연 종교나 과학은 서로의 영역을 인정할 수 없을까?

종교나 과학을 각각 다른 하나의 지식 체계로 보면서 이야기를 시작하자. 이 둘은 지식 체계를 구성하는 데 좀 차이가 있다. 흔히 과학은 그 연구대상을 자연 현상에 국한하고, 방법론에서도 관찰과 실험을 위주로 한다. 따라서 과학은 자연적 사실fact에 관심을 두고, 철저히 자연주의적 방법을 통해서 그 대상이 어떻게how 발생하는지 설명한다. 또한 본래적으로 인과 관계를 설명하기 위해서 초자연적이거나 초월적인 신적 존재를 끌어들이지 않는다.

종교는 과학과는 다른 일종의 설명이다. 과학과 달리 종교는 의미meaning를 추구하면서 어떤 사건이 왜why 발생하게 되었는지 설명한다. 물론 종교도 최고의 신적 실재에 대한 일정한 지식을 담고 있으며, 그 지식은 특정 종교가 갖는 신조와 그 종교에 속한 사람들의 체험을 위주로 구성된다. 그런데 종교는 단순한 형태의 자연적 지식만을 말하지 않으며, 지식 이전의 초자연적인 것도 다룬다. 또한 종교는 어떤 형태의 의식을 수반하는 실천적 체계를 가지고 있지만, 그것이 필연적으로 사물 현상에 대한 진리에 바탕을 두는 것은 아니다. 종교에서 사용하는 말의 의미는 과학적이고 실증적인 것이 아니기 때문에 과학적 진리와 같은 차원에서 비교할 수 있는 것이 아니다.

예를 들어 종교와 과학의 경계선을 그어보자. 현대 우주론에서 우주는 약 150억 년 전에 대폭발에 의해 생겼다고 한다. 여기에서 과학은 대폭발이 발생한 이후 우주 상태가 어떠했으며 현재까지 어떤 과정을 거치면서 진행되어왔는지 설명한다. 여기에서 '대폭발 전에는 어떤 상태였을까?' 또는 '왜 대폭발이 일어났을까?'라는 질문은 과학적 질문이라기보다는 종교적이거나 형이상학적인 것이다. 물론 이에 대해 과학자는 대답할 수 있지만 그것은 과학적 대답이 아니라 자신의 형이상학적 또는 종교적 견해에서 나온 대답이다. 즉 과학자로서 대답한 것이 아니다. 만약 그 원인이 우연이라고 한다면 그는 유물론적 견해를 보여준 것이며, 하나님이 만들었다고 한다면 그는 그리스도교적 견해를 보여준 것이다.

새는 두 날개로 난다

흔히 종교와 과학을 두 개의 다른 지식으로 나누어서 생각하지만 반드시 분리된다고는 할 수 없다. 의미와 사실의 추구, '왜'와 '어떻게'라는 다른 질문을 갖지만, 종교와 과학은 자연이나 인간에 대해 동시에 질문한다. 이 둘이 삶의 근원에 대해 질문할 때 서로 공통된 부분이 있다는 말이다. 이에 대해 종교적 세계관 속에서 또는 과학적 세계관 속에서 대답을 모색하는 것뿐이다.

그렇다면 우리는 이 둘을 어떻게 바라봐야 할까? 가장 중요한 것은 진리를 단 한 가지로만 파악할 수 있다는 오만을 버리는 것이다. 과학만이 진리라는 과학만능주의 또는 과학적 제국주와, 종교만이 진리라는 성서문자주의나 근본주의를 고수하는 일은 우리를 광기와 무지로 몰아간다. 종교나 과학은 자연과 인간과 세계를 설명하는 각각 독특한 은유metaphor로서 이해해야 한다. 인간의 삶에는 종교, 과학, 예술, 경제, 정치 등 다양한 분야가 겹쳐 있다는 것을 깨닫는다면 종교나 과학이 서로를 보는 눈이 더 겸손해질 수 있을 것이다. 종교와 과학은 인간의 삶과 인류 문화를 구성하는 가장 중요한 요소이다. 이 둘은 인간이 비상하기 위해 사용해야 하는 두 개의 날개다. 날개 하나로 하늘을 나는 새를 보았는가?

종교와 여성

대부분의 전통 종교에서 그 구성원을 보면 남성보다 여성이 차지하는 비중이 훨씬 크다. 그런데 어느 종교를 막론하고 종교 지도자들은 대개 남성이다. 남성이 종교의 상징, 신조, 교리 또는 제의 등을 만들었다. 그리스도교도 예외는 아니다. 초대교회부터 여성은 그리스도교의 발전에 큰 몫을 했지만, 남성들과 동등한 동반자로서 역할을 지속하지는 못했다. 이제 아우구스티누스와 아퀴나스가 살았던 중세 그리스도교의 여성에 대한 이해를 통해 종교와 여성의 문제를 살펴보자.

그리스도교 역사에서 여성을 보는 시각은 상당히 부정적이다. 종교개혁 이전에는 여성을 부정한 존재, 혐오의 대상으로 보았고 그 이후에는 여성이 남성에게 종속되는 것이 하나님의 질서와 창조 질서에 따른 것이기에 정당하다고 보았다. 이런 태도는 서구 철학의 이원론적인 사유 구조와 창세기의 인간 창조, 타락에 대한 본문을 문자적으로 읽은 것이 결합한 결과이다.

유대교의 유일신 전통은 '하나님-남성-여성'이라는 상징적 계층으로 설정되고, 남성 유일신은 현실을 초월적이고 우월한 '정신'과 열등한 '육체'라는 이원론적 구조로 나누기 시작했다. 따라서 정신-육체, 빛-어두움, 나-타자, 객관-주관, 초월-내재, 인간-자연, 남성-여성 등의 이원론적 구조에서, 전자는 우월한 것으로 후자는 열등한 것으로 인식하게 되었다. 이런 대립적 이원론은 유사성보다는 차이점을 강조하면서 남성이 지배하고 여성이 복종하는 계층적인 가부장주의를 강화했다.

여성, 결함 있는 남자라고?

이런 이원론적 사고 구조는 서구 철학에서도 나타난다. 플라톤은 《향연》에서 여성을 남성과 동물의 중간 존재로 규정했고, 《국가》에서는 남자는 모든 분야에서 여자보다 우월하다고 했다. 또한 아리스토텔레스는 남성 자유 시민, 여성, 아이들, 기계공, 노동자를 구분하고, 여자를 '결함 있는 남자,' 즉 '잘못 만들어진 남자'라로 주장했다. 왜일까? 그는 형상과 질료에 관한 이론을 생리학에 적용하면서 이렇게 강조한다.

> 인간의 생식에서 남자는 정액(능동적 힘)에 의거하여 홀로 능동적으로 '낳는' 부분이다. 그에 반해 여자는 전적으로 받아들이는 수동적인 부분, 수용하는 '질료'로, 단지 새로운 인간을 위한 배자(수동적 힘)만을 보유하고 제공한다.

그는 이렇게 생명의 생성 과정에서도 남자가 주도적인 역할을 하고 여자는 그 생명을 담아주는 도구로서 구실한다고 언급하면서 여자의 열등성을 자연적이고 선천적인 것이라고 주장했다.

그럼 잠깐 아퀴나스뿐만 아니라 중세 사유 구조를 형성하는 데 결정적인 영향을 준 존재에 관한 아리스토텔레스의 견해를 살펴보자. 아리스토텔레스는 사물을 질료와 형상의 복합체로 보았다. 질료를 떠나 존재할 수 있는 것은 하나님과 천사뿐이다. 이들은 존재의 계층 구조에서 하나님이 정점에, 천사들이 그 아래 층위를 차지한다.

질료와 형상은 존재의 계층적인 위계 구조를 만든다. 제1 질료에 일정한 형상이 부여되면 물, 불, 공기, 흙이 나온다. 이들에 다시 일정한 형상이 부여되면 나무, 쇠, 뼈, 구리 등이 나온다. 이렇게 질료에 일정한 형상이 부여되어 좀 더 높은 층위의 존재가 나오는 과정이 계층적인 존재 구조를 형성한다고 할 수 있다. 그러므로 존재의 한 층위에 속한 사물은 그보다 낮은 층위에 있는 사물에 비해서는 일정한 형상을 더 가지고 있고, 그보다 높은 층위의 사물에 대해서는 질료 구실을 한다. 이를 달리 말하면 아래 층위의 사물은 위 층위의 사물에 대해 가능태 구실을 한다는 것이다. 나무는 책상이 될 수 있는 가능태로 존재하며, 책상은 나무의 가능태가 현실화된 것이다. 따라서 질료-형상의 위계는 가능태-현실태의 위계와 정확히 일치한다. 질료가 적을수록 고급한 존재이고, 천사들과 하나님은 질료가 전혀 없는 완전한 형상만 가진 존재인 것이다. 이런 위계^{hierarchy} 구조가 중세 전체를 지배한 사유의 틀이었다.

위계의 위로 올라갈수록 좀 더 많은 형상이 부여된 사물을 만나게 된다. 중세의 사상가들은 이런 상황을 가리키기 위해 '존재의 양', '실재의 양' 같은 용어를 사용했다. 여기에서 양量은 정도 degree를 뜻하기도 한다. 우리의 일상적인 말로 하면 '완전도完全度', 즉 완전성의 정도라고 할 수 있다. 존재의 위계에서 더 높은 층위에 있다는 것은 곧 완전도가 더 크다는 것을 뜻한다. 하위의 존재가 상위의 존재를 위해 봉사하는 것은 곧 목적론적 사유의 자연스러운 귀결로 이해되었다. 이런 사고 구조 속에서 존재의 계층 구조에서 남성과 여성을 구별하는 상황은 이미 하위 존재인 여성이 상위 존재인 남성보다 열등하고 불완전한 존재이며, 남성을 위해 봉사하는 기능을 한다고 생각하는 것은 피할 수 없었다.

여성, 신앙이 없는 존재라고?

철학자들이 여성을 남성보다 능력이 부족한 존재로 규정했다면 그리스도교 교리는 남성과 여성의 차이를 악의 관점에서 설명했다. 즉 여성이 남성보다 부족한 것, 즉 여성이 남성보다 모자란 것에 초점이 있는 것이 아니라 여성이 남성보다 뭔가 더 많이 가지고 있다는 것이다. 그것은 바로 죄를 지을 경향이고 육적인 유혹에 빠질 위험이 더 크다는 것이다. 이브가 아담을 유혹했다는 성서 〈창세기〉에 나오는 이야기는 여성을 이 세상에 악을 가져온 존재로 규정하는 데 이용되었다.

예를 들어 테르툴리아누스 같은 그리스도교 교부는 여성을 부정한 존재, 이 세상에 죄를 가져온 존재, 남자를 파멸시킨 유혹자라고 했다. 모든 여자는 이브의 악한 행실을 지니고 있으며, 악마의 통로라고 했다. 또한 여자는 하나님의 법을 어긴 최초의 인물이며, 하나님의 형상인 남자를 멸망시킨 악을 행한 자라고 했다. 또한 여자의 그 죄 때문에 하나님의 아들이 죽임을 당했다고 주장했다. 인간이 타락한 것에 대한 이브의 책임과 함께 여성이 부차적 존재라는 근거로 가장 많이 쓰이는 이야기가 아담의 갈비뼈로 이브가 만들어졌다는 것이다.

그 뒤 수도원이 설립되고 금욕이 강조되는 수도원에 머무르면서 기록을 남긴 상당수의 수도사들이 여자를 배설물이나 똥으로 보았다. 이런 그리스도교적 금욕주의에서는 남성은 영혼이 있는 존재이고 여성은 육체만 있는 존재로 생각했다. 영혼만이 신적인 것이고 육체는 본질적이며 악마적인 것으로 생각하던 그때 상황에서 여성이 육적인 존재라는 것은 자연히 여성을 악마적인 것과 같다고 보는 결과를 가져왔다. 중세에도 여성은 여전히 악마적이고 열등한 존재이며 혐오의 대상이었다.

이런 중세적 이해를 가장 분명히 보여주는 것이 여성에 대한 라틴어 해석과 13~17세기에 걸친 마녀재판이다. 여성을 지칭하는 라틴어 feminus를 fe와 minus가 결합한 말로 이해한 것이다. 여기에서 fe는 신앙을 의미하는 fides의 줄임말이며, minus는 글자 그대로 부족한 것, 마이너스이다. 결국 라틴어로 여성 feminus는 신앙이 결여된 존재라는 의미로 이해되었다. 신앙이 결여된 존재, 영혼이 없는 존재는 제대로 된 사람이 아니며, 구원의 대상도 될 수 없다. 그래서 당시 존재의 계층 구조에서 남성과 여성은 다르게 분류되었다.

아우구스티누스와 아퀴나스 역시 여성에 대한 이런 견해에서 예외는 아니다. 아우구스티누스는 몇몇 구절에서 여성을 긍정적으로 평가하기도 하고, 오직 남성만이 하나님의 형상으로 창조되었다는 일반인의 주석을 따르지 않았다. 그는 남성과 여성은 비록 육체적으로 차이가 있지만, 영혼이나 마음의 능력에서는 같다고 보았다. 그렇지만 여성의 가장 중요한 역할은 역시 생물학적인 것이다. 만일 아담이 참으로 지성적인 대화와 친교가 가능한 파트너를 구한다는 의미에서 배우자를 필요로 했다면, 하나님은 틀림없이 또 하나의 남성을 창조했을 것이다. 이브를 준비했던 하나님의 의도는 종족을 보존하려는 것이었음이 분명하다고 말한다. 이브가 아담의 갈비뼈로 만들어졌다는 것은 남자의 보조자로서 출산의 육체적 과제를 수행하기 위해 만들어졌다는 것을 규정하는 것이다. 여자가 결혼해서 담당하는 일은 가사와 남자를 돕는 것이다.

아퀴나스 저작에서도 여기저기에서 단편적으로 여성에 관한 내용이 나타난다. 특히 《신학대전》의 중요한 두 곳에서 여성에 관해 다루었는데, 창조론 테두리 안에서 '아담으로부터 여성의 창조'에 관한 네 개 항목과 은총론 테두리 안에서 교회 내의 여성의 발언권에 관한 항목이 다. 먼저 그가 여성에 대해 긍정적으로 표현한 것은 이렇다.

여성은 남성과 마찬가지로 하나님의 형상으로 창조되었다. 그러므로 여성은 원칙적으로 남성과 같은 존엄성과 영원한 목표를 지니고 있다. 여성은 생식을 위해서만이 아니라 공동 생활을 위해 하나님께서 창조했다.

그렇지만 그는 아리스토텔레스의 잘못된 생물학적 결론을 수용하고 아우구스티누스의 진술을 더욱 강화해서 여성을 육체적으로나 정신적·도덕적으로 열등한 존재로 규정한다. 성서의 창조 기사를 근거로 내세우며, 남성이 '여성의 원리요 목적'이며, 여성은 '어딘가 모자라고 잘못 만들어진 존재'라고 주장했다. 여자는 뜻밖의 사고로 결함을 지닌 '잘못 만들어진 남자'라고 자주 인용되었다. 아우구스티누스와 아퀴나스로 대변할 수 있는 그리스도교의 인간 이해는 철저히 남성 중심적 인간론을 옹호했다. 남성과 여성의 관계를 상호 관련성의 시각에 근거해 고찰하지 않고, 오직 남성의 시각으로 고찰했다. 남자는 모범적인 성으로 간주되고, 남자에게서 여자의 존재와 역할이 이해되었다.

그리스도교 안에서 이런 성차별적인 인간 이해는 종교개혁 이후에도 크게 변하지 않았다. 루터나 칼뱅은 여성이 남성에게 종속하는 것이 하나님이 세운 질서라고 정당화한다. 루터는 인간을 창조할 때는 남성과 여성이 동등했지만, 이브가 먼저 타락했기 때문에 그 죄로 남성에게 종속된다고 주장함으로써 여성의 종속을 하나님의 신성한 심판이 표현된 것으로 보았다. 이와 달리 칼뱅은 여성이 남성에게 종속되는 것은 심판의 결과가 아니라 창조 질서에 따른 것이라고 말했다. 남성과 여성이 하나님 앞에서는 동등하지만 여자는 남자의 갈비뼈로 만들어져서 남자가 더 권위가 있으며, 여성의 소명은 가사와 육아에 국한된다고 주장함으로써 개신교의 가부장제 윤리를 강화시켰다. 그리스도교의 여성 이해는 신학 논의에만 국한되는 것이 아니라 예배와 조직과 실천까지 그리스도교 신앙의 전체 분야에 걸쳐 영향을 주게 된다.

종교가 종교답고, 사람이 사람답기 위하여

여성에 대한 기존의 이해가 당시의 한계 속에서 나온 결과라는 것을 이해하는 것과, 이것이 가진 한계를 극복하려는 노력은 다른 문제이다. 신학적인 성 차별과 제도적인 성 차별 등을 극복하기 위한 체계적이고 지속적인 노력이 필요하다. 남성의 눈으로 읽는 성서에서 탈피하고, 남성 이미지를 통한 하나님 이해를 넘어서는 신학, 남성만이 사제가 되는 제도를 바꾸는 것은 종교가 종교 되게 하고 인간이 인간 되게 하는 데 반드시 필요한 시급한 과제이다. 여성의 열등성과 종속성이 원래 있던 것이 아니라 남성 중심의 제도와 사회가 만들어낸 것임을 인식해야 한다. 그리고 이를 타파하려고 노력하는 일은 이제 선택의 문제가 아니라 반드시 풀어야 할 과제이다. 이런 노력은 여성의 원래 자리를 찾는 일도 되지만 동시에 남성이 본래의 모습을 회복하는 데 결정적으로 중요한 계기이다. 남성과 여성은 원래 관계 속에서 존재하고, 그 관계 속에서 인간됨의 본성을 완전히 성취할 수 있다.

에필로그

Epilogue

지식인 지도

플라톤

플로티노스

에라스무스　　　아우구스티누스

칼뱅

마르틴 루터

안셀무스

카를 바르트

보나벤투라

신아우구스티누스학파

둔스 스코투스

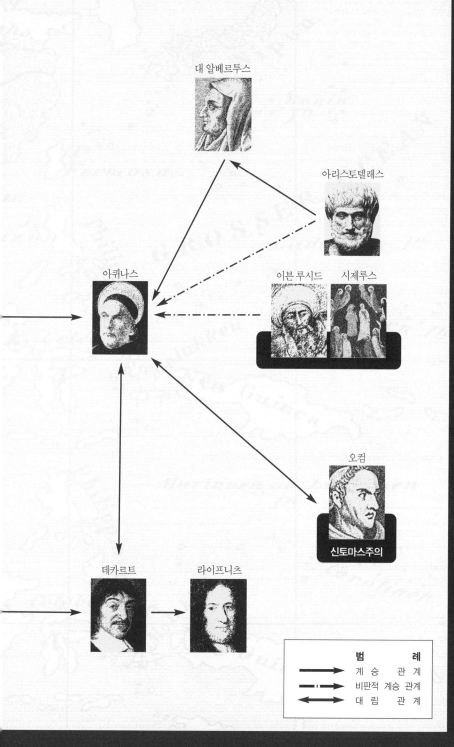

대 알베르투스

아리스토텔레스

아퀴나스

이븐 루시드   시제루스

오컴

신토마스주의

데카르트   라이프니츠

범   례
계 승 관 계
비판적 계승 관계
대 립 관 계

지식인 연보

· 아우구스티누스

354. 11. 13 북아프리카 타가스테에서 태어남

365~369 마다우라에서 공부

371~374 카르타고에서 공부, 마니교에 깊이 빠짐

372 아버지 파트리키우스 사망, 결혼하지 않은 여자와 동거

373 아들 아데오다투스 출생

375 고향 타가스테로 돌아와 수사학을 가르침

376 카르타고에서 수사학을 가르침

383 카르타고를 떠나 로마로 감

384 밀라노에서 수사학 교수로 임명. 암브로시우스 감독을 만남

386 《질서론》,《독백록》 등 저작

387. 4. 24 밀라노에서 부활 주일에 암브로시우스에게 세례를 받음, 어머니 모니카 사망

388 아들 아데오다투스 사망.《참된 종교에 관하여》 저작

391 히포에 도착해서 수도원 세움, 발레리우스에 의해 사제가 됨

395 로마제국 동서로 분리, 발레리우스를 계승해서 감독이 됨

397~400 《고백록》 저작

399 《삼위일체론》 저작 시작

412~421 펠라기우스와 논쟁

413 《신국론》 집필 시작,《자연과 은총에 관하여》 등 집필

430. 8. 28 아우구스티누스 사망. 반달족이 누미디아를 침입

· 아퀴나스

1224/1225	이탈리아 근교 로카세카에서 태어남
1230~1239	몬테카시노의 베네딕토 수도원에 '봉헌됨'
1239. 11~1244. 4	나폴리 대학에서 수학
1243. 12. 24	아버지 란돌포 백작 사망
1244. 4월 말	도미니코 수도원 입회
1245. 7월/8월	베네딕토 수도회 복귀 허락
1245~1248	파리 대학에서 수학
1248~1252	쾰른에서 스승 대 알베르투스와 함께 지냄
1250/1251	쾰른에서 사제 서품
1256~1259	파리 대학에서 신학 교수되어 강의
1261~1265	오르비에토의 강사
1264	《이교도대전》 집필 완료
1265	로마 '신학 센터' 개설 책임
1266	《신학대전》 작업 시작
1270. 12	아베로이즘의 13개 명제 단죄
1272. 9	나폴리의 신학 교수
1273. 12	급격히 쇠약, 모든 저술 활동 중단
1274. 2	리옹 공의회 참석차 출발
1274. 2	마엔차 체류, 병세 악화, 나귀를 타고 포사노바로 옮겨짐
1274. 3	포사노바에서 선종
1275. 6~7	시체 발굴, 시신에서 목 잘림
1277. 3	파리에서 219개 명제 단죄
1277. 3	옥스퍼드에서 30개 명제 단죄
1323. 7	교황 요한 22세 아비뇽에서 아퀴나스 시성 선포
1325. 2	아퀴나스 가르침에 대한 파리 단죄 철회

키워드 찾기

• **교부** Church Father 대개 1~8세기에 걸쳐 초대교회의 생활과 가르침에 큰 영향을 준 신학자들을 가리킨다. 그리스도교의 가르침을 헬레니즘 문화에 소개하고 변호했으며, 때로는 여러 종류의 그리스도교 이단과 논쟁을 통해 그리스도교 신학을 형성했다. 언어와 지역에 따라 헬라 교부와 라틴 교부, 동방 교부와 서방 교부 등으로 나뉘기도 한다.

• **변증, 변증가** apologist 그리스도교가 헬레니즘 문화로 전파되었을 때 그리스도교의 가르침이나 생활에 대해 여러 가지 오해가 발생했다. 그리스도교가 야만적이지도 않고, 반국가적이지도 않다는 것을 당시 사람들에게 설명하고 그리스도교를 변호하는 작업을 했다. 그렇지만 기본적으로는 초대 그리스도교에서 그리스-로마의 철학 사상에 대응하여 그리스도교의 우월성을 입증하는 경향이 있었다. 이런 일을 '변증'이라고 하며, 이런 작업을 하던 사람을 '변증가'라고 한다.

• **마니교** Manichaeism 3세기에 페르시아에서 발생한 이원론적인 종교운동이다. 마니교는 오랫동안 그리스도교의 이단으로 간주되어왔으나 사실상 그 자체는 하나의 독자적인 종교였다. 고대 페르시아의 조로아스터교에서 파생되어 그리스도교와 불교의 여러 요소를 가미한 종교로, 창시자 '마니'의 이름을 따서 마니교라고 했다. 마니는 일찍이 조로아스터교에 귀의하여 신의 계시를 받고, 30세 때 예언자로서 자각을 한 뒤 페르시아를 중심으로 깨달은 바를 전파, 조로아스터교에서 분파했다. 그 뒤 조로아스터교의 박해를 받고 화형을 당했다. 마니교는 당시 교세가 빠르게 성장하여 중앙아시아 일대와 로마 제국에까지 확장되었고, 다시 인도·중국에까지 전파되었으나 13~14세기에 쇠퇴하고 소멸했다.

• **삼위일체** trinity 그리스도교 신앙의 가장 핵심적인 특징으로 그리스도교의 하

나님은 성부 하나님, 성자 그리스도, 성령으로 각각의 위격은 구별되지만 그 본성은 하나라는 교의다. 이것은 325년 니케아공의회에서 교회의 정통 신조로 공인되었으며, 451년 칼케돈공의회에서 추인됨으로써 그리스도교의 정식 교의로 확립되었다.

- **성육신** incarnation 원래 의미는 신적인 존재가 인간의 육체 안으로 들어와서 인간 가운데 거(居)하는 것이다. 그리스도교 신학에서는 예수 그리스도가 하나님이었다가 인간의 몸을 가지고 이 땅에 내려왔다는 신학적 의미가 있다. 하나님이 인간이 되었다는 이 성육신 사건은 성서 전체의 가장 큰 관심사이며, 그리스도교 구원이 어떠한 것인지 나타내는 핵심적 교의이다.

- **이교(異敎), 이교도** Paganism 일반적으로는 그리스도교와 유대교, 이슬람교처럼 유일신을 숭배하고 신의 계시에 따라 기록되었다고 믿는 경전이 있는 종교가 경전이 없는 다른 종교나 종교인을 가리킬 때 사용한다. 이교도에 해당하는 라틴어 '파가누스(paganus)'가 시골뜨기라는 뜻의 말에서 나왔듯이 다분히 경멸하는 뜻이 들어 있다. 그리스도교가 로마제국의 국교가 되면서 비(非)그리스도교도를 '파가누스'라고 한 데서 비롯되었다.

- **성사** Sacraments 그리스도교의 중심을 이룬 예전(禮典)이다. 13세기까지 로마가톨릭교회는 세례성사, 견진성사, 화해성사, 성체성사, 서품성사, 혼인성사, 병자성사 7가지 성사를 지켰다. 종교개혁 후 대부분의 개신교회는 세례와 성만찬 두 가지만 시행한다.

- **헬레니즘** Hellenism 넓은 뜻으로는 그리스 정신 일반을 가리키고, 좁은 뜻으로는 고전 그리스 세계의 종말에서부터 로마시대 성립까지의 시기에 그리스 고유 문화와 동방 오리엔트 문화가 융합하여 이루어진 그리스 문화, 사상, 정신, 예술 등을 문화사적 또는 정치사적 관점에서 가리키는 말이다.

- **신플라톤주의** Neo-platonism 3~6세기 플라톤의 철학을 바탕으로 고대 그리스에서 전개된 종교적이며 신비주의적인 사상이다. 플로티노스에서 시작되어 포르피리오스가 스승의 저작을 편찬하고 그의 사상의 틀을 완성했다. 4세기 이교 철학 중에서 최대 세력을 이루었으며, 아우구스티누스를 통해 그리스도교에 영향을 주었다. 플라톤 철학에서 신학적이고 형이상학적 내용을 끌어내어 궁극적으로 한 분인 신으로부터 모든 것이 유출되어 존재하게 되며, 이 신과 하나가 되는 것을 강조했다.

깊이 읽기

이 책의 내용과 관련해서 우리말로 읽을 수 있는 아우구스티누스와 아퀴나스 관련 저작은 다음과 같다.

❖ 아우구스티누스

한글로 된 아우구스티누스의 저작을 보면 엄청난 분량의 그의 저작을 생각할 때 극히 일부만이 번역되어 있다.

• 선한용 옮김, 《고백록》 – 대한기독교서회, 1990
《고백록》은 이름이 다른 번역본이 몇 개 더 있다.

• 성염 옮김, 《신국론》 – 분도출판사, 2004
다른 번역본과 요약본이 몇 개 더 있다.

• 차종순 옮김, 《은총론》 – 한국장로교출판사, 1996~1998
아우구스티누스의 은총론을 4권으로 번역한 것이다.

• 성염 옮김, 《그리스도교 교양》 – 분도출판사, 1989
그리스도교 해석학과 문화론에 대한 견해가 나와 있다.

• 피터 브라운, 정기문 옮김, 《아우구스티누스》 – 새물결, 2012
아우구스티누스에 관련한 저작 가운데 그의 생애와 사상을 자세히 설명하고 있다.

• 이석우, 《아우구스티누스》 – 민음사, 1995

아우구스티누스의 생애와 몇 가지 신학적 주제를 다루고 있다.

- 헨리 채드윅, 김승철 옮김, 《아우구스티누스》 – 시공사, 2001

아우구스티누스의 생애와 사상을 간략히 다룬 책이다.

- 루이 드 월, 조철웅 옮김, 《성 아우구스티노의 생애》 – 가톨릭출판사, 2000
- 선한용, 《시간과 영원》 – 성광문화사, 1986

아우구스티누스의 생애나 사상이 아닌 특정 주제를 다룬 책 가운데 시간이라는 주제를 심도 있게 연구한 책이다.

- 양명수, 《어거스틴의 인식론》 – 한들출판사, 1999

아우구스티누스의 사상 체계를 이성과 계시라는 인식론적 관점에서 접근한 책이다.

- 박경숙, 《아우구스티누스》 – 살림, 2006

아우구스티누스에 대한 간략한 소개를 다룬 책이다.

❖ 아퀴나스

아퀴나스의 저작 가운데 아주 일부만이 우리말로 번역되어 있다.

- 정의채 옮김, 《신학대전》 – 바오로딸, 1993~2006

지속적으로 번역되어 출판되고 있는데 지금까지 1~6권, 10~11권, 16권으로 나와 있다.

- 정의채 옮김, 《존재자와 본질에 관하여》 – 바오로딸, 2004
- 김율 옮김, 《신앙의 근거들》 – 철학과 현실사, 2005

최근의 번역들은 라틴어-한글 대역본으로 원전을 직접 접할 수 있어 상당히 도움이 된다.

- 와이스헤이플, 이재룡 옮김, 《토마스 아퀴나스 수사》 – 성바오로출판사, 1998

이 책은 아퀴나스의 생애와 사상에 관해 자세히 설명했을 뿐만 아니라 아퀴나스의 작품 목록과 출판 당시까지 한글로 된 아퀴나스 연구 목록을 포함하고 있어 좀 더 깊이 연구하는 데 도움을 많이 준다.

• 프레데릭 코플스톤, 강성위 옮김, 《토마스 아퀴나스》 – 성바오로출판사, 1993
아퀴나스 사상을 항목별로 체계적으로 잘 설명했다.

• 로버트 오도넬, 이재룡 옮김, 《쉽게 쓴 토마스 아퀴나스 철학》 – 가톨릭대학교출판부,
 2000
아퀴나스 사상을 가능한 한 쉽게 풀어 쓰려고 한 작은 책자다.

• 요셉 피퍼, 신창석 옮김, 《토마스 아퀴나스》 – 분도출판사, 1975
아퀴나스의 생애를 중심으로 쓴 책이다.

• 앤터니 케니, 서병창 옮김, 《토마스 아퀴나스》 – 시공사, 2000
아퀴나스의 생애와 사상을 함께 다룬 간략한 책이다.

• 박경숙, 《중세와 토마스 아퀴나스》 – 살림, 2004
중세의 맥락에서 아퀴나스를 다룬 소책자이다.

❖ 일반적인 것

아우구스티누스와 아퀴나스를 자리매김하기 위해 그리스도교 사상의 역사나
철학사의 흐름을 참고할 만한 책은 다음과 같다.

• 마이클 콜린스 · 매튜 프라이스, 김승철 옮김, 《사진과 그림으로 보는 그리스도교
 역사》 – 시공사, 2001
그리스도교 역사에 대한 간단한 설명과 함께 삽화와 지도가 있어서 처음 그리
스도교 역사를 접하는 사람에게 적당하다.

• 후스토 곤잘레스, 이형기 · 차종순 옮김, 《그리스도교사상사 I~III》 – 대한예수교장로
 회출판부, 1988
좀 더 본격적으로 그리스도교 사상을 이해하기 위해서는 고대부터 현대까지 그
리스도교 사상의 일반적인 흐름을 다룬 이 책을 참고하면 좋다.

• 프레데릭 코플스톤, 박영도 옮김, 《중세철학사》 – 서광사, 1988
철학 쪽에 더 관심이 있는 사람에게 권한다. 이 책은 중세 철학에서 중요한 인
물을 빠짐없이 비교적 자세히 다루었다.

• G. 에반스, 이종인 옮김, 《중세의 그리스도교》 - 예경, 2005

중세 그리스도교에 대해 개괄적으로 소개한 책으로 처음 그리스도교를 접하는 사람에게 적당하다.

• 요셉 드 프리스, 신창석 옮김, 《스콜라 철학의 기본개념》 - 분도출판사, 1997

스콜라 철학의 기본적인 개념을 여러 저자들의 용법을 중심으로 자세히 설명했다.

• 김영철, 《안셀무스》 - 살림, 2006

안셀무스에 대해 간략하게 소개한 책이다.

• 안셀무스, 박승찬 옮김, 《모놀로기온&프로슬로기온》 - 아카넷, 2002

안셀무스의 두 저작을 번역한 책으로, 해제가 달려 있어 참고하면 도움이 된다. 다른 번역으로 《프로슬로기온:신 존재 증명》(안셀무스, 공성철 옮김, 한들, 2005) 도 있다.

찾아보기

Aurelius Augustinus
&
Thomas Aquinas

인류의 지성사를 이끌어온
100인의 지식인 마을 주민들